Und alles kommt zurück

Erziehungstipps
für Eltern und Erzieher

Sabine Schönbrunn:
Und alles kommt zurück: Erziehungstipps für Eltern und Erzieher
Hamburg: 2000

Für die vielen Kleinigkeiten, die mir von meiner Familie abgenommen wurden und für das Verständnis, das sie mir entgegengebracht hat, damit ich Zeit und Muße für die Erstellung dieses Buches finden konnte, danke ich ihr für den immer wieder gegebenen Einsatz, mich bereitwillig zu unterstützen.

Ganz besonders danke ich meinem Mann für seine unermüdliche moralische Unterstützung. Er zeigte mir, was Verständnis heißt.

Inhalt

Einleitung

Als Paar- und Familientherapeutin arbeite ich in meiner Praxis mit Menschen aller Alterstufen zusammen. Aus der Zusammenarbeit mit Schulen und Kindergärten wurde ich darauf aufmerksam, dass es immer häufiger Eltern und Lehrer auf der einen Seite gibt, die beklagen, dass Verhaltensauffälligkeiten bei Kindern und Jugendlichen zunehmen.

Auf der anderen Seite stehen Kinder, die unzufrieden über ihre Eltern und Lehrer sprechen. Kinder, die ohne Elternleitung ihren schulischen und häuslichen Verpflichtungen nicht nachkommen, oft motivationslose, lustlose Schüler, Kinder mit mangelndem Selbstvertrauen oder Kinder, die über die Grenzen ihrer Mitmenschen hinausgehen.

Eltern und Erzieher stehen ratlos davor, fühlen sich mit diesem Verhalten überfordert, wissen oftmals nicht, wie diese Probleme zu lösen sind.

Und wie fast immer, wenn Menschen überfordert sind, spüren sie sich einer Bedrohung ausgesetzt, einer Angst, sich nicht durchsetzen zu können mit dem gleichzeitigen Wunsch des Überlegenseins.

Der Druck auf das Kind wird verstärkt, um seinen Gehorsam zu erzwingen, Kinder wiederum reagieren mit Auflehnung auf diesen Druck und somit ist der Kreis geschlossen. Aus Gesprächen und Arbeiten über Verhaltensauffälligkeiten bekam ich Anregungen und erkannte, wie wichtig es ist, „Erziehungsinstrumente," also Handlungsweisen, an Eltern weiterzugeben. „Erziehungsinstrumente", die verhindern, dass Verhalten sich negativ ausprägt oder mit denen auffällig gewordenes Verhalten aufgehoben werden kann. Außerdem wollte ich aufzeigen, welche Auswirkungen das Fehlen dieser Handlungsweisen bewirkt; so erstellte ich Vorträge.

In meinen Vorträgen über „Kinder brauchen Grenzen, brauchen Verständnis, „Kinder brauchen Vertrauen zur Selbstverantwortung" und „Wie gehe ich mit Schulproblemen um" zeigten viele Eltern Interesse an diesen Ideen. Aber bald darauf riefen mich einige Eltern an, um zu bemerken, wie schwierig die Umsetzung in die Praxis sei. Dieses Buch soll Ihnen durch praxisnahe Erklärungen Hilfestellung geben bei der Umsetzung der Themen:

Grenzen setzen, die Stärken des Kindes sehen, schulische Konflikte abbauen und Streiten lernen.

Es handelt davon, wie man positiv mit den disziplinarischen Problemen im Alltag umgehen kann.

Die oben genannten Punkte gehören zu den Grundvoraussetzungen einer guten Beziehung, in der die Möglichkeit der kindlichen Entfaltung gegeben ist, ohne dass sich Erwachsene unwohl und überfordert fühlen.

Eine gute Beziehung aufbauen

Eltern, die sich in einer momentanen „Sackgasse" befinden, beklagen, dass es doch möglich sein muss, dass Kinder und Eltern in einem familiären Klima miteinander leben, das beiden Teilen das Gefühl eines guten Miteinanders gibt. Manche Eltern versuchen eine gute Beziehung aufzubauen, indem sie bereit sind, ihren Kindern so weit entgegenzukommen, dass diese kaum oder überhaupt nicht mehr gefordert werden. Konflikten mit ihren Kindern versuchen sie, wenn möglich, aus dem Weg zu gehen. Aus einem Gefühl, der Überlegene zu sein, aber nicht sein zu wollen, geben sie den Wünschen des Kindes allzu schnell nach. Dieser Erziehungsansatz schadet mehr, als dass er hilft. Er bietet weder Kindern noch Erwachsenen die Chance, sich miteinander auseinander zu setzen, sich nahe zu sein. Streit gehört zum Zusammenleben. Handelt es sich im Streit um eine Auseinandersetzung, die nicht einem Machtkampf, sondern einer Lösungssuche dient, zeigt dies Interesse aneinander, eine Voraussetzung für eine gute Beziehung. Ein Kind wird auf lange Sicht erkennen, was ihm durch eine Auseinandersetzung gezeigt wird: „Ich setze mich mit dir auseinander. Bequemer ist es, dir nachzugeben. Du bist es wert, dass ich eine Auseinandersetzung mit dir eingehe. Dadurch wirst du die Stärke bekommen, Ärger, Frust auszuhalten, dich verantwortlich zu fühlen. Ich schenke dir Achtung, indem ich deine Wut aushalte."

Eine weitere Voraussetzung für eine gute Beziehung ist eine Auseinandersetzung, die es zuläßt, dass die Würde des Gegenübers geachtet wird.
Zu einer guten Beziehung gehört auch Zeit, die ich mir für den anderen nehme. Je nach Alter des Kindes braucht es mehr oder weniger Zeit.
Ein Säugling braucht quantitative Zeit, dadurch kommen die Bedürfnisse der Eltern einige Zeit zu kurz. Aber tröstend ist, dass es sich bald um Zeitqualität handeln wird.
Je älter ein Kind wird, desto weniger Zeit wird es mit den Eltern verbringen. Die Freunde werden mit zunehmendem Alter wichtiger. Um so hartnäckiger müssen Eltern versuchen, mit ihren Kindern im Gespräch zu bleiben. Manchmal helfen hierbei Rituale, wie zum Beispiel ein gemeinsames Abendessen.

Schaffen Sie ein Zuhause

Ein Zuhause, das „Nestwärme" gibt, ist dadurch gekennzeichnet, dass Vertrauen, Toleranz und Zuhören auf beiden Seiten möglich ist. Jeder, im familiären Zusammenleben, fühlt sich als Person anerkannt und angenommen mit seinen Bedürfnissen und Wünschen. Kommen diese mit den Bedürfnissen und Wünschen der anderen Familienmitglieder nicht überein, kann darüber diskutiert werden, um einen Konsens zu finden. Dazu gehört natürlich, dass jedes Familienmitglied bereit ist, zurückzustecken, wenn eine Vereinbarung getroffen wird. Wichtig ist, dass der, der sein Bedürfnis zurückgestellt hat, Anerkennung dafür erhält und bei der nächsten Vereinbarung eventuell den Vortritt bekommt.

Ein gutes Familienklima zeichnet sich auch dadurch aus, dass bei Übereinkünften auf die Denkanschauung: Der Stärkere hat letztendlich das Sagen, was unweigerlich zum Machtstreit führt, verzichtet wird und stattdessen ein demokratischer Austausch möglich ist.

Kinder, die ein Gefühl der „Nestwärme" spüren, werden mit Achtung erzogen. Sie erfahren Grenzen mit Konsequenzen bei Nichteinhaltung von Vereinbarungen; Sie zählen als ganze Person, ihre Leistungen sind wichtig, sie werden aber nicht alleine daran gemessen. Sie müssen Regeln befolgen, aber sie werden grundsätzlich positiv gesehen, sie fühlen sich geliebt, nicht bedroht. Sie erfahren Raum zur Persönlichkeitsentfaltung, zur Ich-Stärke.

Die Annahme ihrer Persönlichkeit fördert unweigerlich die Selbständigkeit. Kinder, die sich angenommen fühlen, haben die Stärke, die Eigenverantwortung für ihre Handlungen zu tragen, auch im schulischen Bereich. Sie zeigen ein hohes Selbstwertgefühl.

Hierzu gehört die Bereitschaft, ein Kind zuerst einmal positiv anzunehmen, mit allen Ecken und Kanten. Dies fällt um so leichter, wenn ich mich als Elternteil positiv annehme. Um Verständnis zu geben, muß ich mich selber annehmen können. Unzufriedene Eltern haben in den seltensten Fällen glückliche Kinder.

Schläge sollten fehlen, sie gehören nicht zu einem sicheren, geborgenen Zuhause, sie sind kein probates Erziehungsmittel. Ein ausgerutschter Klaps sollte ein Ausrutscher sein, ganz gleich wie alt ein Kind ist. Schlagen zeigt die Hilflosigkeit der Eltern.

Ein Zuhause, dass Geborgenheit gibt, lässt auch zu, dass ein Kind Langeweile haben darf. Läßt zu, dass ein Kind sich verstanden fühlt, wenn es statt Tennis, Fußball spielen möchte.

Ein häufiges Erziehungsproblem ist, dass Kinder alle möglichen Kurse besuchen können, sie werden hierhin und dahin gefahren und haben oft einen Terminplan, der selbst für einen Erwachsenen umwerfend wäre. Aber Zeit, ihnen wirklich zuzuhören, sie verstehen zu wollen, ohne Bewertung, das bekommen viele Kinder zu wenig.

Durch immer wiederkehrende Erziehungsfehler, Fehler im Umgang miteinander, ob innerhalb der Familiengemeinschaft oder aber außerhalb, sei es im Kindergarten oder in der Schule, kann es dazu kommen, dass ein Kind Auffälligkeiten zeigt. Es sind Hilferufe, die nicht überhört werden sollten.

Die Ausgewogenheit von Erziehungsansätzen ist wichtig

Kinder brauchen das Gefühl wichtig zu sein. Werden sie allerdings so wichtig genommen, dass ihre Eltern kaum andere Themen kennen, als über die Taten, die ihr Kind vollbringt, zu sprechen, werden sie statt häuslicher Geborgenheit Druck verspüren, der sich im kindlichen Alltag auf die Motivation auswirken kann. Kinder, die sich stark beobachtet fühlen, werden sich nicht frei entfalten können. Dieser Druck ist belastend und wird verhindern, dass ein gesundes Selbstvertrauen aufgebaut wird.

Ein gutes Selbstvertrauen, ein positives Selbstbild, lässt Menschen sich selbst als wertvoll und liebenswert sehen, lässt sie erkennen, dass sie ausgerüstet sind mit vielen Talenten, aber auch mit Grenzen, ohne sich derer zu schämen. Ein positives Selbstbild lässt zu, dass ich alle Fähigkeiten, die in mir stecken, nutzen kann, weil ich nicht ständig damit beschäftigt bin, negativ über mich zu denken.

Ein positives Selbstbild wird nicht dadurch entstehen, dass sich ein Kind unter Druck gesetzt fühlt. Druck führt vielmehr zu einem aufgesetzten Selbstvertrauen, das sich durch die egozentrische Darstellung der eigenen Person zeigen kann, durch eine geringe Frustrationstoleranz, aber auch durch auffälliges Verhalten, wenn eine Sache misslingt.

Kinder brauchen Eltern, die ihre Sorgen ernst nehmen. Eltern, die überbesorgt sind, aus den Sorgen des Kindes ein Drama machen, nehmen ihrem Kind den positiven Aufbau eines Selbstwertgefühls.

Wir können unsere Kinder nicht vor dem Leben beschützen, aber wir können ihnen helfen, damit zurechtzukommen. Der übervorsichtige Umgang mit Kindern bewirkt genau das Gegenteil.

Wichtig nehme ich mein Kind auch dann, wenn es die Möglichkeit erhält, die Wirkungsweise natürlicher Konsequenzen zu erfahren. Nehme ich Kindern allzu schnell die Verantwortung ab, indem ich ihnen beispielsweise den Turnbeutel oder das Matheheft nachbringe, nehme ich ihnen die Möglichkeit, sich klar zu werden, wann sie Eigenverantwortung tragen müssen.

Als Erwachsene erwarten sie dann immer noch, dass ihre Verantwortung übernommen wird. Wenn ihnen diese Möglichkeit nicht geboten wird, geraten sie in Panik. Deshalb ist es wichtig, dass Kinder Erfahrungen mit Konsequenzen machen. Sie werden dadurch in der Lage sein, Selbstverantwortung zu tragen.

Manche Eltern zeigen ein freundliches und verständnisvolles Miteinander, aber sie haben Schwierigkeiten, fest bei einer Entscheidung zu bleiben und zeigen übertriebene Nachgiebigkeit. Dann gibt es die Eltern, denen es leicht fällt, hart zu bleiben, vergessen dabei aber, freundlich zu sein.

Keines von beiden ist eine geeignete Erziehung zu selbstsicheren und lebensfrohen Menschen.

Unser Kind überhört unsere Worte und Drohungen

Ein Kind, das nicht mehr auf Worte hört und Bestrafungen ignoriert, hat Gründe für dieses Verhalten und braucht Unterstützung, indem sein auffälliges Verhalten als Hilferuf erkannt wird.

Um sein Verhalten zu verändern, muss zuerst einmal erkannt werden, woran es liegt, dass sich ein Kind dafür entscheidet, negativ beachtet zu werden.

Das Kind, das von heute auf morgen ein „aufsässiges" Kind wird, weil es ein Geschwisterchen bekommen hat, ist nicht böse, sondern weiß sich nicht anders zu helfen auf der Suche nach Zuwendung.

Auffälliges Verhalten zeigt, dass viele kleine Verhaltensweisen, die dahin geführt haben, von Erwachsenen übersehen wurden. Kinder benötigen in Zeiten von Verhaltensauffälligkeiten viel positive Aufmerksamkeit.

Wird die Möglichkeit genutzt, auffällig gewordenes Verhalten zu durchleuchten, um herauszufinden, was hinter der Verhaltensauffälligkeit

des Kindes steckt, werden Eltern und Erzieher in der Lage sein, mit Verständnis das Verhalten aufzuheben.
In schwierigen Zeiten sucht ein Kind nach Vertrauen und Rücksichtnahme, es braucht statt Schimpfe, klare Grenzen, Verständnis und Zeit.

Machen Sie sich mit den wichtigsten Voraussetzungen für ein harmonisches Miteinander vertraut, umso einfacher und positiver werden Sie mit den disziplinarischen Problemen im Alltag umgehen können.

Mut zur Erziehung

Eltern und Erzieher brauchen Mut zur Verantwortung, Entscheidungen zu treffen, auch gegen die Meinung der Kinder. Entscheidungen, die Kindern ein Leitfaden sind, die zeigen, wie es geht, Verantwortung tragen zu können. Selbstverantwortung kann auch schon ein kleines Kind lernen, wenn ihm die Möglichkeit dazu gegeben wird.
Kinder brauchen Liebe in der Erziehung, die zu einer positiven, lebensfrohen Entwicklung verhilft. Liebe umfasst viele Begriffe mit verschiedener Bedeutung. Liebe in der Erziehung beinhaltet, durchdachte Entscheidungen durchzusetzen, auch gegen den Willen des Kindes.

Für ein Kind ist es wichtig, dass seine nächsten Menschen ihm zeigen können, dass sie es lieben, dass sie gleichzeitig daran interessiert sind, sein Selbstwertgefühl, sein Selbstvertrauen zu fördern, indem sie sich mit ihm vernünftig auseinandersetzen. Dazu gehört der Mut der Erwachsenen zur Erziehung. Sie werden erkennen, wie Sie eine positive Atmosphäre schaffen können, wenn Sie über Grenzensetzen, über wirkliches Zuhören, über die positive Grundeinstellung einem Kind gegenüber, Zugang zu ihm haben werden, weil Sie ihm zeigen, daß Sie sich bemühen, Ihr Kind verstehen zu wollen.
Unsere Kinder erhalten heue mehr Rechte zur Entfaltung ihrer Persönlichkeit und Fähigkeiten, als Generationen vor ihnen. Die moderne Vorstellung jedoch, dass Erwachsene eigene Bedürfnisse grundsätzlich zurückstellen und die Wünsche und Bedürfnisse ihrer Kinder vor ihre eigenen setzen, verkennt, wie wichtig ein Gleichgewicht zwischen diesen beiden Aspekten ist. Diese Vorstellung macht ein Zusammenleben mit Kindern und Erwachsenen schwierig. Wir haben immer selbstkritischere

Eltern, die durch diese Selbstkritik ihre Erziehung gerne in Frage stellen, und dadurch Unsicherheit ausstrahlen.

Immer häufiger sind Kinder zu erleben, die regelrecht den Mut ihrer Eltern und Erzieher zur Grenzsetzung suchen, etwas Greifbares, mit dem sie sich auseinandersetzen können.

Folgendes Beispiel zeigt den Hilferuf nach Mut zur Erziehung:

Ich wurde auf eine Auseinandersetzung im Supermarkt aufmerksam, in der ein Junge seine Mutter aufs Schlimmste beschimpfte, sie trat und schlug. Die Mutter strahlte eine solche Gelassenheit aus, dass ich die Wut des Kleinen, die sich zusehends steigerte, verstehen konnte. Ihre Sprache und das, was sie sagte, war überhaupt nicht situationsgerecht. Aus dem Zusammenhang gerissen erklärte sie dem Kleinen: „Wenn wir gleich nach Hause kommen, kommt Katrin uns besuchen." Der Kleine schrie immer noch nach einer Antwort, ob er das Eis mitnehmen durfte. Die Mutter ging mit keinem Wort mehr darauf ein, sie ging der Auseinandersetzung aus dem Weg. Ich als Außenstehende konnte die Wut des Kleinen immer besser verstehen. Er ging nun zur Eistruhe und schlug den Deckel auf und zu. Erst als die Verkäuferin kam und ihm das verbot, konterte die Mutter mit den Sätzen: „Das ist ja wohl eine unfreundliche Behandlung Kindern gegenüber in diesem Geschäft." Sie übersah das Fehlverhalten des Kindes, sie behandelte ihr Kind wie Luft.

„Wie fühlt sich dieses Kind?" geht es mir durch den Kopf. Unverstanden, überhört, es stieß aus Angst vor klarer Aussage auf nichts Greifbares, das Toben war wohl eher auf das Verhalten der Mutter, als auf die Süßigkeit gerichtet. „Trau dich doch zu sagen, was dir nicht passt, lenk nicht ab, gib mir ein klares Nein, dann weiß ich, ich bin dir so wichtig, dass du dich mit mir auseinandersetzt."

Ich wurde an die Worte einer Dreizehnjährigen in einer Therapiestunde erinnert, die an ihren Vater gerichtet waren: „Nimm mich doch endlich wahr, bevor ich süchtig bin." Diese Worte hatte sie benutzt, nachdem ihr Vater immer wieder versicherte, dass er verstehen könne, dass sie stiehlt, und dass sie Drogen nimmt."

Kinder brauchen Reaktionen. Ein Kind, dass seine Eltern aufs Schlimmste beschimpfen darf, dass seine Mutter tritt, ohne eine angemessene Reaktion darauf zu bekommen, verliert die Achtung und spürt Aggression und Ablehnung gegen seine Eltern.

Kinder suchen Verständnis und Liebe bei ihren Eltern, aber sie suchen mit Sicherheit nicht die Freundin oder den Freund in ihnen. Welcher Freund dürfte ihnen Richtlinien zeigen, ihnen Grenzen setzen? Eltern sein heißt, Mut zur Erziehung zu haben.

Eltern und Erzieher, die bereit sind faire Konsequenzen durchzuführen, die sie dem Kind vorher mitgeteilt haben, werden den Umgang mit Kindern bereichernd finden. Dieser Erziehungsansatz ist weniger anstrengend für Erzieher und Kind. Grenzen setzen, bzw. Konsequenzen bei nicht Beachtung der Grenzen, zeigen einem Kind , dass es ernst genommen wird. Nehmen Eltern sich die Zeit, sich mit ihren Kindern auseinanderzusetzen, zeigt das Interesse und so wird es von Kindern empfunden. Es wird mit den Grundbedürfnissen ausgestattet und wird eher zu den zufriedenen, ausgeglichenen Kindern zählen.

Viele Eltern haben Angst, konsequent zu sein, sie setzen es gleich mit Strafen, die sich negativ auf die Persönlichkeitsentwicklung des Kindes auswirken. Aber in Zusammenfassungen über Erziehung ist noch nicht bekannt geworden, dass sinnvolles Grenzensetzen schädlichen Einfluß auf die Entwicklung des Kindes nimmt. Manche Eltern zeigen unsicheres Verhalten auf Forderungen ihrer Kinder dadurch, dass sie in ihren Aussagen allzu häufig ein „Jein" mit hineinbringen. Dies fordert zum Kampf auf. Kinder quengeln, schreien, toben, um die unklare Aussage zu ihren Gunsten zu entkräften.

Reagieren Eltern dann wiederum mit Drohungen, die nicht eingehalten werden und Beschimpfungen auf das nicht erwünschte Verhalten, muß ihnen klar sein, dass dies Faktoren sind, die einem gesunden Persönlichkeitsaufbau im Wege stehen.

Was bedeutet Grenzensetzen für ein Kind ?

Grenzen helfen dem Kind bei der Orientierung, Grenzen erleichtern, einen Standpunkt zu finden.

Tobias wird vom Kindergarten abgeholt, er hat gelernt, seinen Willen durch Schreien durchzusetzen. Auf die Frage, ob er sofort nach dem Kindergarten mit zu seinem Freund gehen darf, erklärt die Mutter, sie habe das Essen vorbereitet: „Du kannst nach dem Essen zu Daniel gehen, aber jetzt mußt du zuerst einmal mit nach Hause kommen." Tobias schreit auf dem ganzen Nachhauseweg, bis die Mutter vollkommen entnervt zurückgeht und Tobias zu seinem Freund bringt mit der Aussage: „Das, mein Freundchen, war das letzte Mal, dass ich so etwas zulasse, wenn du so schreist." „Ja, sagt Tobias und weiß, daß er das nächste Mal eben länger schreien wird, Mama wird schon aufgeben.

Ein Kind möchte wissen, woran es ist; spürt es dies nicht deutlich, wird es testen, bis es die Grenze herausgefunden hat. Ein Kind lernt, wenn ihm klare Grenzen gesetzt werden, dass Sie das, was Sie sagen, auch meinen.

Es bekommt die Chance, nicht jeder Verantwortung aus dem Wege zu gehen; Nachgiebigkeit verführt ein Kind dazu, andere zu manipulieren, sich immer wieder „rausreden" zu können. Hat sich Tobias` Mutter dafür entschieden, dass Tobias zuerst einmal mit nach Hause kommt, sollte sie dies auch durchsetzen.

Überschaubare Grenzen stecken Räume und damit auch Fähigkeiten ab, die Kinder ermutigen können, Dinge anzupacken. Grenzen zeigen Kindern , was sie können.

Sie erlernen die Fähigkeit, mit Frust zurechtzukommen, wenn sie auf ein Nein stoßen. Eine hohe Frustrationstoleranz hilft, Probleme realistisch zu sehen. Kinder, die gelernt haben, mit Frust umzugehen, ziehen hieraus ihre Stärke im sozialen Umgang. Sie werden nicht durch ihre Wut in der Handlung blockiert. Sie können ihre Gefühle aushalten.

Die sechsjährige Jennifer hatte nicht gelernt, ein Nein, eine Ablehnung ihres Wunsches auszuhalten.

Zuhause hatte sie sich angewöhnt, darauf mit Schreien und Toben zu reagieren. Sie steigerte sich regelrecht in einen Wutanfall. In der Schule zeigte sie weniger heftige Ausbrüche ihrer Wut, aber in so einem Zustand war sie nicht mehr in der Lage, sich mit der Situation auseinanderzusetzen. Sie war blockiert durch ihre Wut. Bekam sie eine Ablehnung, wenn sie ihre Klassenkameraden zu einem besonderen Spiel befragte, wurde sie wütend, zog sich entweder zurück oder beleidigte ihre Mitschüler. Sie war im Gegensatz zu ihrer besten Freundin Julia nicht in der Lage, neue Vorschläge zu machen, die dann auch Spaß brachten. Ihre Wut auf das Nichterfüllen ihres Wunsches blockierte ihr soziales Handeln.

Für Erwachsene, denen diese Eigenschaft fehlt, weil sie sie als Kind nicht erlernt haben, ist es schwierig, dies anzugehen und umzuformen.
Ein Kind sollte sich am Nein der Eltern orientieren können. Es lernt dadurch, mit unangenehmen Gefühlen umzugehen, was sich in seinem späteren Leben als Vorteil erweisen wird. Wenn es das als Kleinkind gelernt hat, braucht es als Jugendlicher nicht den sofortigen Schluck Alkohol bei Problemen, es hat gelernt, dass Frust und Ärger mit zum Alltag gehören.

Ein Kind darf schlechte Laune haben, wenn es an ein Nein stößt. Eltern sollten nicht ständig versuchen, sich verantwortlich zu fühlen und ihm diese schlechten Gefühle nehmen zu wollen.. Gelingt einem Zweijährigen das Fußballspielen nicht, weil er über seine eigenen Füße stolpert, hat er das Recht auf schlechte Laune. Er hat das Recht, dass er seine Gefühle kennenlernen kann, auch wenn er nörgelt und weint. Sehr wahrscheinlich beruhigt der Kleine sich nach Minuten größten Zornes von alleine und tritt ganz konzentriert gegen den Ball und trifft ihn. Es ist ihm aus eigener Kraft gelungen, sich aus dieser Stimmung herauszuholen und neu zu beginnen. Er musste sich nicht zusätzlich zu seinem Ärger mit der Einbeziehung seiner Mutter auseinandersetzen. Er konnte ganz mit sich beschäftigt bleiben. Oft trifft sonst der Ärger, anstatt den Fußball, die Mutter. Auch ein kleines Kind kann lernen, dass es mit seiner Wut fertig werden kann, dass nicht alleine seine Eltern die Verantwortung für seine Laune tragen.
Dass Sie Ihr Kind positiv in seiner Entwicklung unterstützen, wenn Sie sich nicht gleich von seiner Wut beirren lassen, sollte Ihnen bewußt sein, denn dadurch fällt es wesentlich einfacher durchzuhalten. Ihr Kind hat das Recht, sich darüber zu ärgern, dass es keine Süßigkeit bekommt, Kinder zeigen Ärger laut.

Ein überfordertes Kind ist häufig unzufrieden

Jedes Kind braucht Entscheidungsfreiheit, um sich in seiner Persönlichkeit gut zu entwickeln. Entscheidungsfreiheit muß unterschieden werden von der Freiheit, die sich ein Kind erkämpft, die ihm das Gefühl gibt, ich werde alles erreichen, wenn ich trotzig bin oder lange genug schreie, meine Eltern werden sowieso nachgeben. Markus, der wegen Schulverweigerung in Behandlung ist, weiß, dass er fast alles haben darf, wenn er beharrlich nörgelt, oder wutentbrannt schreit; er weiß nur nicht, warum er danach nicht lange zufrieden ist. Hat er sich ein Auto erquengelt, hat er nach kurzer Zeit das Gefühl, dass er das Piratenschiff mit Sicherheit auch bekommen hätte, wenn er doch nur durchgehalten hätte. Markus wird dadurch überfordert, dass er keine Grenze hat. Egal, für was er sich immer wieder aufs Neue entscheidet, wirklich entscheiden muss er nicht.

Die Überforderung, die bei zuviel Freiheit aufkommt, macht unzufriedene Kinder. Welche Entscheidung ist die richtige? Jedes Kind sollte die Möglichkeit erhalten, für seine Entscheidungen Konsequenzen zu tragen, dies ist ein Grundstein zur Fähigkeit, Verantwortung zu übernehmen.

Lernt es das schon im Vorschulalter, zeigt sich dieses Verhalten auch in der Schulzeit. Es lebt danach: „Ich bin verantwortlich für meine schulischen Verpflichtungen." Diese Kinder haben viel weniger Schwierigkeiten bei der Bewältigung des schulischen Alltags.

Konsequenzen

Gleichzeitig eine Grenze und eine Konsequenz festzulegen, kann da angebracht sein, wo die Grenze vorher schon bekannt war und trotzdem zuvor nicht beachtet wurde.

„Du weißt, du sollst hier nicht mit dem Auto spielen, ich nehme es dir für zwanzig Minuten fort."

Eine Strafe muss zeitlich nicht lange dauern, Kinder erkennen sehr wohl auch durch kurze Strafen, dass ihr Verhalten nicht richtig war.

Faires Grenzensetzen gehört mit zur Voraussetzung, um dadurch Kinder „wachsen zu lassen". Die Konsequenzen aus einem Geschehen sollten als folgerichtig erkennbar sein. Sie sollten nach Möglichkeit im

Zusammenhang mit dem stehen, was vorgefallen ist; dies ist wichtig, da Konsequenzen die entgegengesetzte Wirkung zur Folge haben können. Verhängen Eltern und Erzieher willkürliche Strafen, beeinflussen sie den Lernprozeß des Kindes negativ. Ein Kind könnte durch eine willkürliche Strafe so verletzt sein, dass es den beabsichtigten Zusammenhang gar nicht erkennen kann.

Zwischen Bestrafung und einer logischen Konsequenz steht ein wichtiger Unterschied. Bestrafung ist eine willkürliche Handlung oder Aussage, die beabsichtigt, dass Einsicht und Lernen auf Kosten des Kindes durchgesetzt werden, egal wie. Konsequenzen haben einen logischen Zusammenhang zum Fehlverhalten. Bei diesem Ansatz geht es um die Annahme, dass Kinder die Folgen ihres Verhaltens „tragen" lernen.

Einem Kind Fernsehverbot zu erteilen, weil es sein Essen auf dem Mittagstisch verschmiert hat, ist zusammenhanglos. Je kleiner ein Kind ist, desto näher sollte die Konsequenz stehen. Es ist sinnvoller einem Kindergartenkind, das mittags vor Wut seinem Geschwisterchen einen Gegenstand entgegenwirft, eine Auszeit zu geben, als ihm am Nachmittag den Besuch beim Freund zu verbieten.

Auszeiten

Eine Auszeit wird gegeben, indem ein Kind aus dem Geschehen herausgenommen wird.

Auszeiten können dann eingesetzt werden, wenn Sie das Gefühl haben, Ihr Kind sollte für einen Moment zur Ruhe kommen, es ist außer Rand und Band, es sollte wieder zu sich selbst finden.

Je nach Alter können Auszeiten so aussehen, dass ein zweijähriges Kind, dass die anderen beim Spiel stört, ein ganz klares Nein bekommt und mit seiner Mutter den Raum verlassen muss. In dieser Auszeit bekommt es so gut wie keine Aufmerksamkeit. Hat es sich beruhigt, darf es wieder mitspielen und wird für friedliches Spielen gelobt.

Auszeiten sind auch dann hilfreich, wenn sich Spannungen zwischen Kindern entwickeln. „Jeder geht jetzt fünf Minuten in sein Zimmer und überlegt für sich, wie er sich mit dem anderen vertragen kann."

Je kleiner ein Kind ist, desto kürzer sollte die Auszeit sein. Die Eieruhr kann gestellt werden, die anzeigt, wie lange das Kind noch warten muss.

Weigert sich ein kleines Kind in sein Zimmer zu gehen, kann ein Elternteil bei ihm im Zimmer bleiben. Möchte es rausgehen, kann die Tür zugehalten werden, tritt es gegen die Tür, kann es festgehalten werden. Es reicht, wenn Sie bei kleinen Kindern eine altersgerechte Auszeit einhalten, ein zweijähriges Kind bekommt eine zweiminütige Auszeit, ein dreijähriges schon eine dreiminütige.

Wichtig ist, dass die Auszeit nicht vom Kind unterbrochen werden kann. Einem Kind, das immer wieder schreiend aus seinem Zimmer herauskommen möchte, müsste im Extremfall die Tür zugehalten werden. Sorgen Sie dafür, dass es sein Zimmer nicht verlassen kann.

Um psychischen Schaden zu vermeiden, verzichten Sie auf jeden Fall darauf, ein Kind einzuschließen oder das Haus zu verlassen.

In einer Trotzaktion kann eine Auszeit auch so aussehen, dass der Elternteil das Zimmer verlässt, bis sich das Kind beruhigt hat. Dauert der Wutausbruch länger, wird immer wieder nachgefragt: „Du kannst selbst entscheiden, ob du jetzt in der Küche bleibst, oder ob du dich beruhigst und wir zusammen ein Buch lesen." Hier sollte selbstverständlich auch dann auf ein Kind zugegangen werden, wenn es in einem unfreundlichen Ton sagt, dass es ein Buch vorgelesen haben möchte.

Grenzen setzen mit Auszeit als Konsequenz bei Babys

Selbst einem Baby kann durch eine Auszeit gezeigt werden, welches Verhalten unerwünscht ist, indem der Kontakt zwischen ihm und den Eltern kurz eingeschränkt wird. Immer wieder kommen junge Mütter mit ihren Babys in die Praxis und beklagen, dass sie am Rande ihrer Geduld stehen. Ihr Baby schreit ununterbrochen. Obwohl ich mich um mein Kind kümmere, kann es sich keine fünf Minuten mit sich selbst beschäftigen." Eltern muss klar sein, dass ein Baby nicht ununterbrochen beschäftigt werden muss. Es darf auch vor Langeweile quengeln. Haben Sie ihm beigebracht, dass Sie sofort da sind, wenn seine Laune schlecht ist, wird es diese Unterhaltung bei Langeweile natürlich weiterhin verlangen. Mit zunehmendem Interesse eines Kleinkindes heißt dies für die Eltern, zunehmende Einfälle und Zuwendung zu geben.

Ein Kleinkind braucht Zeit, sich alleine zu beschäftigen, dies ist wichtig für seine Entwicklung; Auch ein Kleinkind kann schon erfahren, dass nicht andere Schuld an seiner Laune sind, dass es sich selbst aus seiner Stimmung herausholen kann.

Um ihr Baby, dass bei Nichtbeachtung unzufrieden war und quengelte, umzugewöhnen, erstellten sich seine Eltern einen Verhaltensplan.
Sie nutzten die Zeit, in der ihr Kind zufrieden war, um mit der Umgewöhnung zu beginnen. Beide Elternteile nahmen sich fest vor, sich zehn Minuten nicht mit ihrem Kind zu beschäftigen. Ihm wurden Gegenstände vorgelegt und die Bezugsperson beschäftigte sich mit ihrer Arbeit. Auf Quengeln oder Am-Körper-ziehen antwortet die Bezugsperson mit einem festen: „Nein, zuerst muss ich arbeiten, dann komme ich zu dir", hierbei achteten sie darauf, dass es sich nicht um ein Jein handelte. Durch eine Handbewegung und deutlicher Körpersprache wurde dies bekräftigt. Hörte ihr Kind nicht auf zu quengeln oder griff es nach den Beinen, um hochgenommen zu werden, wurde wiederholt: „ Nein, gleich spielen wir, jetzt muss ich erst zu Ende arbeiten. Sie setzten ihren Kleinen ein paar Schritte weg. Wiederholte sich dieser Ablauf, musste ein nächster Schritt eingesetzt werden. Manchmal setzten sie ihr Kind in einen Stuhl. Die Arbeit wurde fortgesetzt und das Schreien des Kindes fand keine Beachtung. Nach Ablauf der 10 Minuten bekam ihr Kind wieder die ganze Aufmerksamkeit.
Manchen Eltern fällt es enorm schwer, dem Schreien ihres Kindes standzuhalten und manchmal brauchen sie für diesen Schritt Unterstützung in der Erziehungsberatung. Durch gemeinsames Vorgehen und der Erkenntnis, dass es wichtig für ihr Kind ist, wenn es schon im Kleinkindalter lernt mit Frust umzugehen, fällt es leichter, das Programm dann auch außerhalb der Praxis durchhaltend fortzuführen.
Nach ein paar Wochen bekomme ich dann häufig zufriedene Babys mit zufriedenen Eltern zu sehen.

Natürlich wird ein Kind versuchen, den geforderten Wunsch durchzusetzen, ihn eventuell zu erschreien. Wenn Sie häufig „weich" werden, fragen Sie sich, warum Sie diesem Toben und Schreien nachgeben. Kommt in Ihnen ein schlechtes Gewissen hoch, weil Sie in einer vorherigen Situation zu streng waren, und Sie möchten durch Ihr Nachgeben Ihr Gewissen wieder beruhigen?
 Gebrauchen Sie dafür eine andere Situation, es bieten sich im Laufe eines Tages Möglichkeiten genug, um zu zeigen, dass Sie Ihr Kind lieben. Statt seinem Toben nachzukommen, schenken Sie ihm besser in einer anderen Situation Zeit und Zuwendung.

Grenzen setzen zeigt einem Kind, woran es ist, es schafft ein faires, sicheres Familienklima, in dem jeder in der Familie Entfaltung erfährt und indem es Regeln zum Schutz des anderen gibt.

In einer liebevollen familiären Atmosphäre ist es aufbauend, Grenzen gesetzt zu bekommen. In dieser ihm bekannten, warmen Umgebung, hat das Kind das Gefühl, angenommen zu werden. Werden ihm in seiner häuslichen Umgebung Grenzen gesetzt, kann es das anders annehmen als in einer Kindergarten- oder Schulsituation. Es weiß, dass es von den Eltern geliebt wird, deshalb ist es einfacher, Kritik von den Eltern zu bekommen, als von Erziehern und Lehrern.

Kinder ertesten ihre Grenzen. Sie leiden nicht darunter, wenn sie auf angemessene Grenzen stoßen. Angemessene Grenzen sind altersgerechte Grenzen. Damit Grenzen nicht fehlschlagen, sollten sie so gesetzt werden, dass dabei die Fähigkeiten des Kindes respektiert werden.

Kinder sind auf der Suche nach festen Entscheidungen, aus Kindersicht ist die ganze Welt offen, spontane Wünsche äußern, gehört mit in den Kinderalltag. Manchmal sind Wünsche so spontan, dass das Kind, ist der Wunsch ausgesprochen, selber nicht weiß, ob der nächste Wunsch, den es im Kopf hat, nicht besser ist. Also sollen die Eltern entscheiden, mit Klarheit und Mut zur Entscheidung, damit es sich daran orientieren und lernen kann, Entscheidungen zu treffen. Dazu gehört auch Enttäuschung aushalten zu können, wenn eine Sache aufgegeben werden muss, um eine andere zu erhalten. Aber genau diesen vom Kind gezeigten Frust, können Eltern schwer aushalten, sie fühlen sich wie Rabeneltern, sie haben das Gefühl, ihr Kind zu unterdrücken, zu dominant zu sein, wenn sie eine feste Meinung ihrem Kind gegenüber vertreten, eine Meinung, die gegen die Einstellung des Kindes geht. An einer festen Einstellung und einer klaren Aussage, kann sich ein Kind orientieren.

Kinder wollen wissen, woran sie sind, hierzu gehört eine eindeutige Kommunikation und ein eindeutiges Handeln.

Besonders im Trotzalter braucht Ihr Kind diese Unterstützung, um die Orientierung finden zu können.

Zuerst einmal Nein sagen

Und später, nach genügender Lautstärke ja sagen, zeigt Unsicherheit, zeigt eine bestimmte Art des Verhaltens, die ein Kind verunsichert. Zeigen sich Eltern meinungssicher, wird ihrem Kind deutlich: Das ist Mamas Meinung, die anders ist als meine. Manchmal geht Mama auf meine Meinung ein, jetzt muss ich auf ihre eingehen. Das gibt dem Kind ein klares Kommunikationsbild.

Die sechsjährige Lisa wurde mir von ihrer Mutter als ein auffällig aggressives Kind vorgestellt.
Ich bat die Mutter, eine typische Szene zu erzählen.

„Gestern war ich mit Lisa in der Spielzeugabteilung; sie fragte mich, ob sie Kreide mitnehmen könne." " Nein, du hattest erst vorgestern von mir eine Kassette bekommen, heute kaufe ich nichts," antwortete ich ihr. „Aber ich brauche neue Kreide, ich habe kaum noch welche."
Lisas Mutter konnte den Wunsch verstehen, forderte aber.: „Dann ist aber wirklich Schluss für diese Woche."
Lisa sagte nach weiterem Umschauen, Mama, ich hab es mir überlegt, ich möchte doch lieber diese Puppe haben." „Nein, ich wollte dir die Kreide kaufen, weil du keine mehr hast, du wirst ja ganz schön unverschämt."
„Ich lege die Kreide dann auch weg, ich hab noch ein paar weiße Kreidestücke, damit kann ich genauso gut malen. Ich möchte lieber die Puppe haben." Lisas Mutter stand kurz vor einem Wutausbruch.
Aber Lisa übersah und überhörte die Signale ihrer Mutter: „Weißt du, wie lange ich keine Puppe mehr bekommen habe.?"
„Lisa, die Puppe ist viel zu teuer." „Ich kann dir etwas von meinem Taschengeld dazugeben."
„Du hast doch noch Schulden bei mir." „ Die kann ich abzahlen, ich bekomme ja vielleicht noch Geld von der Oma das nächste Mal, bitte."
Lisas Mutter gab nach, spürte aber Wut gegen ihre Tochter. Sie war kurz angebunden und war nicht weiter bereit, auf irgendeine Art und Weise freundlich auf sie einzugehen. Der Einkaufsbummel wurde zu einem einzigen Streit. Lisa bekam einen Wutanfall, als ihr von der Mutter nicht das große Eis gekauft wurde. Lisas Mutter fürchtete sich vor den heftigen Reaktionen ihrer Tochter, wenn sie Lisa einen Wunsch abschlug. Lisa durchschaute diese Angst sehr schnell und entwickelte sich zu einer Tyrannin.

Lisas Mutter musste lernen, dass sie Lisa dieses Verhalten nur dadurch abgewöhnen konnte, dass es keinen Erfolg mehr haben durfte.

Als Lisas Mutter mit ihrer Tochter das nächste mal wieder in den Spielzeugladen ging, überlegte sie sich früh genug, was sie ihrem Kind zugestehen wollte und benannte dies auch. Und dann ist es wichtig, das Gesagte auch durchzuhalten.

Sie machte sich bewusst, dass sie sich vor der Entscheidung Zeit zum Überlegen nehmen konnte; hatte sie sich aber entschieden, war es oberstes Gebot durchzuhalten. Das gab ihr das sichere Gefühl, dass ihre Meinung überdacht war. War sie bereit, ein paar Mark auszugeben zur Auffüllung leerer Materialien, wie z.B. Kreide, oder Buntstifte, durfte sich Lisa nur zwischen diesen beiden Sachen entscheiden.

Sie verpackte ihre Grenze in eine klare Aussage: „Ich möchte dir heute entweder Geld für Kreide oder Buntstifte geben."

Hielt sich Lisa nicht an die Verabredung, zeigte sie ihr die Grenze mit einer Konsequenz an. „Du weißt, du darfst die Kreide oder die Buntstifte mitnehmen, wenn du beides nicht möchtest, bekommst du heute gar nichts.

Wenn Lisa anfing ein anderes Spielzeug erquengeln zu wollen, verließ sie das Geschäft, ohne etwas zu kaufen.

Selbst wenn Lisa nach einiger Zeit aufhörte zu schreien und um Entschuldigung bat, mit der Bitte, nun doch die Kreide zu kaufen, blieb ihre Mutter bei ihrer Entscheidung.

Legen Sie eine Grenze fest, lassen Sie Ihr Kind mitentscheiden

Mitentscheiden heißt Selbstverantwortung zu tragen; dies ist eine Voraussetzungen für eine positive Entwicklung. Bekommt ein Kind oft genug die Möglichkeit zur Mitentscheidung, wird es den Umgang mit Verantwortung schnell erlernen und erkennen, dass es sich um eine Übereinkunftssuche handelt, nicht aber um einen Machtkampf.

„Ich möchte fernsehen." Das darfst du, wenn du deine Legosteine aufgeräumt hast."

Es entscheidet sich für oder gegen das Fernsehen. Hat es sich dafür entschieden, aber die Legosteine nur zum Teil weggeräumt, wird es mit der Konsequenz konfrontiert. „Wenn du dich vorher vor den Fernseher setzt, gibt es für heute Fernsehverbot." Natürlich wird ein Kind nicht mit guter

Laune zurück ins Kinderzimmer gehen, aber machen Sie ihm klar, dass es dafür selbst verantwortlich war, dass es den Anfang der Sendung nun verpasst. „Du hast selbst entschieden."

Für Veras Mutter stand fest, dass ihre dreijährige Tochter von nun an in ihrem Bett schlafen sollte.
„Du musst anfangen, alleine in deinem Bett zu schlafen. Wann willst du damit beginnen, heute oder morgen Abend. Heute habe ich Zeit, abends länger bei dir zu bleiben. Ich könnte mich ein bisschen neben dich legen, vielleicht fällt es dir dadurch leichter, dich daran zu gewöhnen, wieder in deinem Bett einzuschlafen. Morgen wird das nicht möglich sein."
Veras Mutter musste den Widerspruch ihrer Tochter aushalten, die nicht einsehen wollte, dass sie in ihrem Bett schlafen sollte. Sie antwortete mit Weinen und Toben: Veras Mutter wusste, dass sie konsequent bleiben musste. „Ich kann deine Traurigkeit verstehen, aber du weißt, dass ich nicht mehr gut schlafen kann, wenn du neben mir liegst, weil du schon so groß bist. Ich möchte dass du mitentscheidest, wann du beginnen möchtest, in deinem Bett zu schlafen."

Wenn Sie Grenzen setzen, achten Sie auf folgende Punkte:

1. Halten Sie Erklärungen kurz.

2. Achten Sie auf Taktiken Ihrer Kinder und benennen Sie diese.

3. Geben Sie nur maximal drei Begründungen.

4. Setzen Sie eine deutliche Grenze, statt Vorhaltungen zu machen.

Benedikt will abends nicht ins Bett gehen und schon gar nicht, wenn sich seine Eltern vor den Fernseher setzen. Er kennt da schon einen Trick, langwierige Erklärungen, warum er schlafen soll, um damit Zeit zu schinden.
„Mama, ich kann noch nicht schlafen."
„Es ist wichtig, dass Kinder mindestens 9 Stunden schlafen. Du kannst morgen sonst gar nicht richtig spielen, du wirst müde im Kindergarten sein,

du wirst quengelig nach Hause kommen und dich mittags, wenn andere Kinder zusammen spielen, hundemüde auf dem Teppich zusammenrollen und schlafen. Das willst du doch nicht."

Nein, das will Benedikt natürlich nicht, aber er weiß, er wird sowieso putzmunter sein, na ja, auf ein Neues.

„Ich habe aber noch Durst." „Du hast vorhin schon genug getrunken, das kann nicht sein." „Ich kann nicht schlafen, wenn ich so einen Durst habe, ich will auch nur ein ganz kleines bisschen."

Das Bisschen zieht meistens. „Na gut, aber dann will ich nichts mehr von dir hören."

„Nach soviel trinken, muss ich noch ganz schnell zur Toilette. Nach einigen Vorhaltungen der Mutter, darf Benedikt noch einmal schnell aufstehen. Auf dem Weg zur Toilette schaut er noch, was Papa sich im Fernsehen anschaut. „Papa, was guckst du da?" „Du sollst doch schon lange im Bett liegen, aber zack in die Federn."

„Mama, ich kann nicht einfach die Augen zumachen und einschlafen, das geht nicht, du musst bei mir bleiben, bis ich schlafe. Liest du mir etwas vor?"

Obwohl die Mutter einem Wutausbruch nahe ist, bleibt sie einigermaßen ruhig, setzt sich wieder an sein Bett und fängt von vorne an.

Als ihr die Argumente auszugehen drohen, weil diese immer noch nicht müde machen und Benedikt nur noch ein einziges Mal ganz schnell zur Toilette rennen muss, schreit sie los: „Du gehst jetzt ohne Widerrede ins Bett. Oder tobe von mir aus noch eine Stunde herum, bis du von selber müde bist. Aber glaube mir mein Freundchen, wenn du morgen rumquengelst und Theater machst, kannst du was erleben. Ich rede und rede mir den Mund fusselig, nichts passiert. Erst wenn ich schreie, dann klappts."

Benedikts Mutter redet zuviel. Es ist der falsche Zeitpunkt, Überzeugungen loszuwerden, die Benedikt sowieso schon kennt, „du bist morgen früh müde, etc." Es sind Rechtfertigungen, die darauf abzielen, etwas durchzusetzen. Statt einer klaren Aussage, „ich möchte, dass du jetzt schläfst, ich werde dir noch eine kleine Geschichte erzählen, dann gehe ich ins Wohnzimmer", werden Erklärungen vorgeschoben, die ein Kind widerlegen, also bekämpfen kann. „Ich kann richtig spielen, auch wenn ich lange wach bleibe."

Bleiben Sie in ihren Ausführungen kurz und vor allen Dingen klar, sagen sie genau, was sie fordern.

Viele Argumente, die Ihr Kind, sehr wahrscheinlich sowieso schon kennt, „wirbeln es auf." Eltern argumentieren, erklären, wiederholen sich. Hilft das alles nichts, hören sie meistens auf, ihren Kindern die Situation zu verdeutlichen. Sie fallen in das Fahrwasser: „Du gehst jetzt ohne Widerrede ins Bett oder du tobst so lange herum, bis du von selber müde bist, aber lass uns jetzt in Ruhe. Ich rede und rede mir den Mund fusselig, nichts passiert. Wenn du morgen früh quengelst, weil du zuwenig geschlafen hast, dann ist was los." Die Tür wird zugeschlagen, die Eltern verbringen den Abend mit einem schlechten Gefühl.

Als oberstes Gebot: Seien Sie konsequent

Benedikts Mutter nimmt sich vor, am nächsten Tag früh genug eine Absprache über den Abendverlauf mit Benedikt zu treffen, denn dann besteht die Möglichkeit, Kompromisse zu schließen. Sie nimmt sich vor, ihrem Kind wirklich zuzuhören, um zu einem Kompromiss zu kommen, dabei lässt sie die zu setzende Grenze nicht aus den Augen.
Benedikts Mutter ist fest entschlossen, dass Benedikt um 8 Uhr im Bett liegen soll. An dieser Grenze wird sie festhalten, das nimmt sie sich vor.
 Sie hat sich auch vorgenommen auf Benedikt einzugehen. Sie weiß, dass er vor dem Zubettgehen noch gerne mit ihr oder ihrem Mann zusammen ist. Sie bespricht die Situation mit ihm und bietet ihm Alternativen an. „Ich möchte, dass du um 8.00 Uhr ins Bett gehst. Damit es keinen Streit gibt, besprechen wir jetzt genau, was wir machen werden. Du kannst abends entscheiden, ob du vor dem Zubettgehen mit mir oder Papa toben, oder eine lange Geschichte vorgelesen bekommen möchtest. Entscheidest du dich für die Geschichte, werden wir nicht mehr toben können." Entweder oder, nicht sowohl als auch.
„Wenn wir getobt haben oder eine Geschichte gelesen haben, kannst du noch etwas trinken und noch einmal zur Toilette gehen. Danach musst du in deinem Bett liegen bleiben und sollst nicht mehr rufen oder aufstehen."
Nach einer Verabredung kann, sowohl von Kindern, als auch von Erwachsenen, darauf bestanden werden, dass sich jeder an die Abmachung hält.
Ist dies nicht der Fall, beachten Sie:

1. Das zu langes Aushalten einer Situation, hinter der Sie nicht stehen, Eskalation, Streit bringt.
    „Ich möchte nicht, dass du jetzt noch einmal aufstehst, auch wenn du Durst hast. Du hast vorhin etwas bekommen."

2. Halten Sie Kontaktaufnahme mit den Augen oder Körperkontakt. Hocken Sie sich zu Ihrem Kind hinunter, schauen Sie es an, berühren Sie es sanft, auch wenn Sie im Zorn sind.

„Benedikt, schau mich bitte an, wenn ich mit dir spreche. Dies macht klar, dass Ihr Kind Ihren Ausführungen auch wirklich folgt.

3. Formulieren Sie kurz und knapp. „Ich möchte, dass du jetzt ins Bett gehst und dich an unsere Abmachung hältst, wir haben heute morgen darüber gesprochen und ich möchte, dass du dich daran hältst.“

Hält sich Ihr Kind nicht an die Vereinbarung, bleiben Sie bei einer eindeutigen Sprache mit kurzen Sätzen: „Du hast dich entschieden: Du wolltest toben, dann kannst du keine Geschichte hören.“

Fordert Ihr Kind etwas gegen die Vereinbarung, verzichten Sie auf Wiederholungen, formulieren Sie kurz und knapp: „Ich möchte, dass du dich an unsere Verabredung hältst.“

Geben Sie eine klare Aussage

Der fünfjährige Sebastian möchte ohne seine Mutter alleine zum Spielplatz fahren, der über mehrere verkehrsreiche Straßen zu erreichen ist.

Er beklagt sich bei seiner Mutter, die ihm nicht erlaubt, alleine dort hinzufahren, dass sein Freund dies allerdings schon darf.

„Alex darf schon alleine mit dem Fahrrad zum Spielplatz fahren.“ „Das wirst du auch dürfen, wenn du so alt bist wie Alex, bis dahin begleite ich dich dorthin. Ich kann dann ja nach Hause fahren. Wir vereinbaren eine Zeit und ich hole dich danach wieder ab.“ Auf Trotztränen reagiert Alex` Mutter mit nochmaliger Erklärung, sie bleibt jedoch bei ihrer Meinung.

Die Beziehung wird dadurch auch von Seiten der Kinder klar. Kinder, die gewohnt sind, dass Eltern das, was sie sagen auch durchführen, brauchen „Erpressertränen“ nicht mehr, denn sie haben gelernt , mit einem Nein fertig zu werden. Sie können ihre Energien dazu benutzen, ihrerseits ihre Forderungen klar zu äußern.

Auch Sebastian hat gelernt eindeutig zu reden: „Ich möchte, dass du wirklich nach Hause fährst und nicht früher zum Aufpassen auf den Spielplatz kommst.“

Klarheit in der Sprache und Festigkeit im Gefühl lässt gegenseitigen Respekt entstehen. Partnerschaftlichkeit und Gleichwertigkeit in Beziehungen lässt sich nicht in allen Situationen gleichermaßen leben, sie ist das Ergebnis andauernder Bemühungen, das Resultat eines Prozesses.

Regeln früh genug aufstellen

Es ist im Umgang mit Kindern nicht möglich, alle Regeln früh genug aufzustellen. Hierzu müsste man in der Lage sein, Verhaltensabläufe zu erahnen. Verhalten ist nicht immer vorauszusehen, jedoch weitgehend die sich wiederholenden Gegebenheiten innerhalb der Familie und des Umfeldes des Kindes. Wie beispielsweise die wiederkehrenden Wünsche auch während des Essens fernsehen zu dürfen, bei jedem Einkauf eine Süßigkeit zu bekommen. Hier können im Vorfeld die Regeln früh genug aufgestellt werden: Kein Fernsehen während des Essens, nicht jeden Tag eine Schokolade im Supermarkt. Beziehen Sie bei Wünschen, die Sie nicht gestatten wollen, früh genug eine feste Meinung, bevor sich das Kind in die Vorstellung hineingesteigert hat: „Ich werde die Mama doch „rumkriegen."
Setzen Sie Grenzen im voraus, wenn Sie abschätzen können, was passieren wird. Dies ist natürlich nicht immer möglich. Aber im Alltagsleben sind Ihnen Verhaltensweisen wohl vertraut. Überlegen Sie beispielsweise im Vorfeld, was passieren wird, wenn Sie ein Spielzeuggeschäft betreten.
Sehr wahrscheinlich wird Ihr Kind Wünsche äußern. Überlegen Sie, was Sie ihm konkret antworten, egal für was Sie sich entscheiden, bleiben Sie dabei. Haben Sie Mut zu einer festen Entscheidung, damit diese auch akzeptiert wird. Ein Kind, dass gewohnt ist, durch Erquengeln etwas zu bekommen, wird diese Taktik anwenden, wenn es etwas Interessantes findet. Ihm fällt es schwer, sich für eine Sache fest zu entscheiden. Kaum hat es sich das eine Spielzeug erkämpft, findet ein anderes auch sein Interesse und wer weiß, ob es nicht auch schaffen wird, dieses teurere Spiel zu bekommen. Ein Kind ist überfordert, wenn eine Aussage wie: „Eine Kassette und nichts anderes," aufgehoben wird, weil es quengelt.
Kinder besitzen Macht und üben diese auch aus. Die größte Macht, die Kinder ihren Eltern gegenüber haben, ist die der Schuldgefühle setzen. Eltern reagieren hierauf sehr schnell und sehr heftig. Eltern, die mit einer klaren Kommunikation und klaren Konsequenzen handeln, werden dies schnell unterbrechen können.

Warum ist ein Kind überfordert, wenn Eltern seinem Quengeln nachgeben?

- Es weiß, dass es irgend etwas bekommen wird, wenn es sein Schreien nur lange genug durchhält.

- Es muss sich damit beschäftigen, wie lange es den Kampf aushalten muss, um zu siegen.

- Dann im nächsten Schritt kommt die Überlegung, für was es sich entscheiden soll, das fällt umso schwerer, wenn es weiß, dass es durch sein Quengeln immer wieder etwas anderes durchsetzen kann.

- Es muss sich für viele Dinge entscheiden, denn es besitzt die Macht dazu.

- Es muss die schlechte Laune seiner Mutter, seines Vaters aushalten, die oft noch bis in den Abend hinein andauert und sich eventuell auf die anderen Familienmitglieder ausbreitet.

- Es muss das unangenehme Gefühl aushalten, von anderen als verwöhntes Kind angesehen zu werden.

- Es muss die ganze Unsicherheit als Last tragen.

Grenzen mit einer klaren Sprache setzen

Gerade zeitliche Grenzen müssen früh genug und mit eindeutigen Worten benannt werden. Ärger, der bei einem Kind dadurch aufkommt, dass Sie sein Spiel unterbrechen müssen, können Sie aus dem Weg gehen, indem Sie ankündigen: „Du kannst jetzt noch drei mal schaukeln, dann müssen wir nach Hause gehen." Bei größeren Kindern können Sie Zeitbegriffe mit einbringen: „Du kannst noch eine viertel Stunde spielen, dann müssen wir gehen." Kennen Sie das Verhalten Ihres Kindes und wissen Sie, dass es nach dieser Vereinbarung trotz allem „Theater" machen wird, erinnern Sie zwischendurch wieder: „Du weißt, noch fünf Minuten, noch ein letztes Mal schaukeln und dann werden wir gehen." Gehört Ihr Kind zu denen, die sich auch damit, dass sie erinnert werden, nicht zufrieden geben, dann lassen Sie es beim Grenzen setzen auf jeden Fall mitentscheiden.

„Wir müssen bald nach Hause gehen. Möchtest du noch drei mal schaukeln, dann haben wir noch Zeit, auf die Rutschbahn zu gehen. Wenn du noch fünf mal schaukeln möchtest, dann müssen wir, ohne auf ein anderes Spielgerät zu gehen, nach Hause gehen."

Auch nach der Entscheidung können Sie Ihr Kind vor dem letzten Schaukeln an das Nachhausegehen erinnern. Reagiert es ärgerlich, können Sie daran erinnern, dass es die Entscheidung mit getroffen hat.

Rituale unterstützen Grenzen, erleichtern den Umgang miteinander

Rituale helfen, feste Regeln zu unterstützen, Regeln für immer wiederkehrende Situationen. Hierzu gehören Abläufe, wie Hände waschen vor dem Essen, Zähne putzen vor dem Zubettgehen, jeden Abend vor dem Essen mit Papa toben. Rituale fördern das problemlose Zusammenleben und sollten nur in Ausnahmesituationen gebrochen werden. Auch kleine Verpflichtungen, wie das eigene Bett machen und beim Tischdecken helfen, können zu Ritualen werden.

Abendliche Rituale helfen die Grenzen einzuhalten. Ein Ritual könnte so aussehen: Nach einer Tagesbesprechung, bei dem Ihr Kind im Bett liegt und erzählt, was es nicht so schön und was es am schönsten an diesem Tag fand, darf es noch etwas trinken, noch einmal aufstehen, um beispielsweise dem anderen Elternteil gute Nacht zu sagen, dann aber soll es liegen bleiben. Steht es dann doch wieder auf, mit der Bemerkung: „Ich kann nicht schlafen," wird es zurück gebracht. Abschweifende Erklärungen, warum es wichtig ist zu schlafen, werden dann nicht mehr gegeben.

Antwortet Ihr Kind auf die Feststellung: „Du wirst sicherlich bald schlafen," mit einem Nein, ist es besser mit einem Streicheln, als mit einer Antwort zu reagieren. Verlassen Sie danach das Kinderzimmer.

Rituale müssen nicht immer wieder neu überdacht und angezweifelt werden, an Ritualen können sich Familienmitglieder festhalten. Sie wirken entlastend, sind eine Bereicherung im familiären Umgang miteinander, weil sie nicht immer aufs neue diskutiert und erklärt werden müssen.

Nicht immer muss die Konsequenz mitbenannt werden

Wenn Ihr Kind zu den Kindern gehört, die sich Mühe geben, einer Aufforderung nachzukommen, reicht es, auch ohne die Konsequenzen bei Nichteinhaltung zu benennen, ihm früh genug zu sagen, was von ihm gefordert wird: „Anna, euer Spiel ist zu laut, wenn ihr in den Garten geht, wird deine Schwester nicht wach."
Erklären Sie, weshalb Sie dem Spiel Einhalt gebieten. Sie müssen nicht jedes mal die Konsequenz mitbenennen. „Euer Spiel ist zu laut, geht in den Garten und wenn ihr dort immer noch zu laut seid, müsst ihr aufhören mit dem Spiel." Manchmal ergibt sich dies von alleine und niemand hat es gerne, allzeit auf Konsequenzen hingewiesen zu werden, insbesondere dann nicht, wenn er so wie so darauf bedacht ist, das Geforderte einzuhalten.

Rücksichtnahme früh genug fordern

Es ist völlig gerechtfertigt, von Ihrem Kind Rücksichtnahme zu fordern, weil Sie beispielsweise Kopfschmerzen haben. „Phil, wenn du heute hier in der Küche spielen möchtest, kannst du das, aber nur dann, wenn du leise spielst. Möchtest du mit deinem Sirenenauto spielen, musst du in dein Zimmer gehen, weil ich Kopfschmerzen habe."
Dies ist eine klare Aussage und gibt dem Kind die Möglichkeit zur Entscheidung, möchte ich lieber Rücksicht nehmen oder im Zimmer spielen. Diese durch Grenzen gesetzte, überdachte Situation erspart Streit.
Ohne vorherige Erklärung an Ihr Kind, mit der Vorstellung, es wird schon merken, dass es mir nicht gut geht und leise spielen, werden Sie sich vielleicht ungerecht und unbeherrscht an Ihr Kind wenden, wenn es sich zu laut verhält.
„Jetzt gehst du aber in dein Zimmer, wenn du hier so laut spielst. Kannst du keine Rücksicht nehmen und einmal leise spielen?"
Woher soll Ihr Kind wissen, wann Ihnen die Lautstärke zu viel wird, wenn Sie vorher keine Erklärung abgegeben haben.
Denken Sie daran, dass Kinder über ihr Spiel oft alles um sich vergessen. Das machen Kinder nicht absichtlich, sie vergessen ganz einfach ruhig zu spielen. Also achten Sie darauf, wenn Ihr Kind ruhig spielen soll, für welches Spiel es sich entscheidet, holt es ein Buch in die Küche, oder das Sirenenauto.

Phil bekommt im obigen Beispiel Selbstverantwortung zugewiesen. Er muss darauf achten, dass er sein Spiel so auswählt, dass er die zuvor genannte Regel einhält. Hat er keine Lust, auf leises Spielen, wird er in sein Zimmer gehen. Er kann sich an diesem Leitfaden orientieren und so Selbstverantwortung erlernen.

Im Prinzip bedeutet das, dass Sie den Rahmen stecken und Ihr Kind innerhalb dieses Rahmens mitbestimmen kann

Hält sich Phil nicht an die Verabredung wird ihm dies klar und früh genug gezeigt. „Phil, du spielst jetzt doch sehr laut, bitte geh in dein Zimmer."

Ausnahmen sollten als solche benannt werden

Ausnahmen müssen Ausnahmen bleiben und auch für Kinder klar erkennbar sein.
Es wird Situationen geben, in denen es liebevoll und angebracht ist, eine Grenze zu übersehen. Diana geht in den Kindergarten. Sie muss sich morgens, das wurde verabredet, alleine anziehen, erst danach darf sie ihr Puzzlespiel legen, was Sie jeden Morgen als Ritual vor dem Kindergarten legt. Heute haben sich alle in der Familie verschlafen. Nach dem eiligen Frühstück spürt Diana die Hektik und statt sich anzuziehen, packt sie ihr Puzzle aus.
Die Mutter, die nun erkennt, dass es für alle ein friedlicheres aus dem Haus gehen geben wird, wenn sie Diana beim Anziehen hilft, zieht sie während des Puzzelns wie beiläufig an.
Beide verlassen noch einigermaßen ruhig das Haus. Diana bekommt von ihrer Mutter gesagt, dass es sich um eine Ausnahme handelt. „Heute ziehe ich dich an, weil wir verschlafen haben." Sollte Diana am nächsten Morgen, bevor sie sich anzieht, zuerst das Puzzle herausholen, wird an die Abmachung erinnert und die Konsequenzen gesetzt. „Wir hatten vereinbart, dass du dich zuerst anziehst, erst dann spielst; wenn du dich nicht daran hältst, werde ich das Puzzle weg legen.

Wann können Konsequenzen zurückgenommen werden?

Es gibt Anlässe, bei denen von der Regel abgewichen werden kann. Dies sollte aber die Ausnahme bleiben und auch so benannt werden. Oliver hatte mit seinen Eltern vereinbart, dass er jeden zweiten Tag, bevor er das Haus verlässt, Gitarre übt.

Oliver wurde spontan zum Zoobesuch eingeladen. Die Vereinbarung, Gitarre zu üben, bevor er sich verabredet, wurde an diesem Tag aufgehoben. Das Üben wurde auf einen anderen, festen Zeitpunkt verschoben. Schlägt er vor, dass er nach dem Zoobesuch und vor seiner Lieblingsfernsehserie üben wird, sollte er die Möglichkeit dazu bekommen.

Abends sollte die Vereinbarung dann allerdings konsequent abverlangt werden mit dem Hinweis, dass dies seine eigene Entscheidung war.

Es gibt sicherlich auch Situationen, in denen es sinnvoll ist, eine Konsequenz zurückzunehmen, bzw. sie durch eine andere zu ersetzen, wenn die Konsequenz aus einer Stimmung heraus zu heftig war.

Das spontane Leben mit Kindern bringt viel Aufregung. Es ist kaum möglich, immer überlegte Konsequenzen zu setzen, halten Sie sich vielleicht schon einige Konsequenzen im Hinterkopf bereit für brenzlige Situationen.

In Wut ausgesprochene, überzogene Konsequenzen dürfen zurückgenommen werden, ohne dass ein Kind die Achtung vor seinen Eltern verliert. Ganz im Gegenteil, Eltern und Erzieher, die bereit sind, ihre Fehler zuzugeben, zeigen, dass Sie nicht starr an dem festhalten, was sie gesagt haben, sondern dass sie die Stärke besitzen, sich auch Schwächen einzugestehen.

Geschieht dies allerdings oft, sollten Sie sich faire Konsequenzen in einer ruhigen Minute ausdenken, erarbeiten.

Hat Anna am Mittagstisch absichtlich das Essen ihres Bruders auf den Tisch geschmiert, ist es sinnlos, sie so zu bestrafen, dass sie abends nicht fernsehen darf.

Eine in Wut ausgesprochene Strafe kann hier durchaus zurückgenommen werden. „Anna, in meiner Wut darüber, dass du das Essen auf den Tisch geschmiert hast, habe ich dir für heute Abend Fernsehverbot erteilt. Ich habe zu heftig reagiert, ich glaube, es ist besser, wenn du statt dessen den Tisch sauber machst."

Eine überlegte Konsequenz wäre, Anna den Tisch abdecken und säubern zu lassen. Vielleicht, wenn ihr Bruder aus Zorn nichts mehr gegessen hat, kann sie, je nach Alter, mithelfen, einen Pudding für ihn zu „kochen."

Es ist ein Unterschied, ob Eltern hin und wieder ihre geäußerte Meinung revidieren, weil sie erkennen, dass das Gesagte auch anders gesehen werden kann, oder ob sie aus Unsicherheit Ihrem Kind gegenüber Ihre Meinung ändern.

Georgs Vater erkannte, dass er einen Fehler machte

Georg sitzt vor dem Fernseher, als sein Vater müde und erschöpft nach Hause kommt. Sein Vater macht sich leise Musik an und holt sich die Tageszeitung. Georg fühlt sich dadurch gestört und macht den Fernseher lauter.

Georgs Vater ist empört: „Du bist einfach unverschämt, als hätte ich hier keine Rechte, wenn du keine Rücksicht nehmen kannst, wirst du abends gar keine Sendung mehr sehen," schimpft er, macht den Fernseher aus und schickt Georg in sein Kinderzimmer. Wenn sich Georgs Vater beruhigt hat, ist es angebracht zuzugeben, dass er einen Fehler gemacht hat. Georg hatte den Fernseher zuerst laufen und ohne Vorankündigung machte der Vater die Musik an. Er hätte ankündigen können: „Ich möchte gleich Musik hören, bitte schalte nach dieser Sendung aus." Die Konsequenz war unangemessen und kam aus einer schlechten Laune heraus. Grundsätzlich sollte gelten, dass bei Kindern unter dreizehn Jahren, die Strafmaßnahme nach Möglichkeit auf den Tag des Fehlverhaltens beschränkt bleibt. Da es außerdem aber auch sinnvoll ist, die Konsequenzen an das Nicht-erfüllte zu verknüpfen, ist dies nicht immer möglich. Ist diese Situation gegeben, reicht allerdings eine einmalige Durchsetzung der Konsequenz aus.

Hatten Sie vereinbart, dass Ihr Sohn seine Fahrradkette ölt, er dies jedoch bis zum Abend nicht gemacht hat, könnte als Konsequenz eingesetzt werden, dass er am nächsten Morgen nicht mit dem Fahrrad zur Schule fahren darf. Es wäre wenig sinnvoll, ihn die ganze Woche nicht fahren zu lassen oder ihm dafür das Fernsehen zu verbieten.

Kleine Konsequenzen reichen aus

Im obigen Beispiel reicht ein Tag Fahrradfahrverbot vollkommen aus. Kinder brauchen keine überzogenen, undurchdachten Strafen von einer Woche Fernsehverbot, weil die Hausaufgaben nicht gründlich gemacht worden sind. Zu harte Strafen wird ein Kind mit Ungerechtigkeit, Unverstandensein gleichsetzen, daraus aber nicht die Lehre ziehen, die sich

Eltern und Erzieher erhoffen. Kinder beschäftigen sich bei überzogenen Strafen lediglich mit der Ungerechtigkeit, die ihnen widerfährt. Sie bringen die Strafe nicht mehr in direkten Zusammenhang mit ihrer Tat. Es zeugt von Hilflosigkeit, eine lange Strafe zu verhängen und genau das spürt ein Kind. Kinder erkennen auch in der kürzesten Konsequenz, dass ihr Verhalten nicht richtig war.

Zur Mitentscheidung gehören eindeutige Aussagen, vermeiden Sie mehrdeutige Botschaften

Mehrdeutige Botschaften sind Aussagen, die nicht stimmig sind. Ihre Worte sagen: „ Ich bin ruhig," Ihre Körperhaltung zeigt Wut.

„Mach doch, was du willst," ist eine Aussage, die nicht so gemeint ist, wie sie gesagt wird. Dieser Satz wird häufig aus einer Wut heraus gesagt und verunsichert ein Kind. Soll es nun wirklich machen, was es will, das wurde ihm vorgeschlagen, aber es spürt, dass dies nicht so gemeint sein kann.

Vermeiden Sie nach Möglichkeiten mehrdeutige Botschaften so oft es geht, sie bringen Unklarheit in die Kommunikation.

Es handelt sich auch um eine unklare Aufforderung, wenn dem fernsehschauenden Kind gesagt wird, dass es Augenprobleme durch zuviel fernsehen bekommt. Lassen Sie Ihr Kind wissen, was es machen soll. Ich möchte, dass du den Fernseher jetzt ausschaltest, diese Aussage ist ehrlicher.

Erziehen Sie nicht mit Angstmachern: „ Du wirst vom Computerspielen sicherlich krank, weil du dich nicht genug bewegst." Ihr Kind erkennt hinter dieser Aussage, die Doppeldeutigkeit, es nimmt Sie sehr wahrscheinlich nicht ernst. Sinnvoll ist es auch hier mit einer eindeutigen Stellungnahme, Zeiten zu vereinbaren. „Ich möchte nicht, dass du so lange Computer spielst, laß uns einen Kompromiß finden."

Erinnern Sie sich daran, dass Beziehungen durch unklare Sprache der Erwachsenen ins Ungleichgewicht kommen.

Mehrdeutige Botschaften zeigen sich auch dann, wenn Sie sich beispielsweise über das Trödeln oder die Unordnung Ihres Kindes ärgern, Sie mit Ihrer Mimik und Gestik Zeichen von Anspannung, schmale Lippen, schmale Augen, Stirnrunzeln zeigen, dann aber in ruhigem Tonfall die Frage stellen: „Bist du gleich fertig?"

Kinder erkennen solche unklaren Äußerungen, sie können damit nur schwer umgehen. Nicht nur für ein Kind ist ein eindeutiges Bild mit einer eindeutigen Sprache wichtig, auch Erwachsene fühlen sich unwohl, wenn eine Aussage mehrdeutig wirkt, Kinder reagieren nur intuitiver darauf.

Sie verhalten sich stimmig, wenn das, was sie sagen, mit dem wie sie wirken, übereinstimmt. Darauf reagieren Kinder viel eher mit Akzeptanz auf das Gesagte.

Manchmal provozieren Kinder, um eine doppeldeutige Aussage in eine klare zu verwandeln

„Du hast doch gesagt, ich kann machen, was ich will. Ich gehe jetzt zuerst zu meinem Freund und mache erst heute abend meine Hausaufgaben."

„Nein, du bleibst hier und machst zumindest einen Teil deiner Hausaufgaben."

Hier wird aus der unklaren Botschaft endlich eine klare.

Eskaliert eine Situation, weil Sie zu lange mit der Eindeutigkeit gewartet haben, sollten Sie sich fragen, warum sie nicht schon von vornherein das gesagt haben, was Sie auch meinten.

Klare Ich-Botschaften

Bei der Mitteilung von Gefühlen, wie Ärger, Enttäuschung, Sorge oder Freude ist es besonders wichtig, dem Gegenüber diese Gefühle direkt über eine Ich – Botschaft zu äußern.

Dazu ein paar Beispiele:

Möchte eine Mutter, dass ihr Kind in seinem eigenen Bett schläft, sollte sie dies klar äußern.

„Ich brauche Ruhe und Platz, um ausgeruht zu sein, deshalb möchte ich, dass du in deinem Bett schläfst." Diese Erklärung bringt sicherlich mehr Einsicht, als die Aussage: „Veronica, du musst in deinem Bett bleiben, große Kinder sollten in ihrem eigenen Bett schlafen, Eltern brauchen Ruhe um ausgeschlafen zu sein."

Wieso sollte es ein Kind interessieren, wie andere Eltern schlafen?

Kerstin möchte mittags, nachmittags und abends fernsehen. Ihre Mutter ärgert das und es kommt fast täglich zum Kampf. „Vom vielen Fernsehen wird man träge und phantasielos." Dies sind Phrasen, die Kerstin schnell widerlegen kann. „Ich wurde heute von der Lehrerin gelobt, dass ich im Kunstunterricht am phantasievollsten gebastelt habe und in der Leichtathletik habe ich eine Urkunde erhalten." Erziehen Sie größtenteils mit solchen Phrasen, die Ihr Kind schnell widerlegen kann, machen Sie sich unglaubwürdig. Wenn Sie sich darüber ärgern, dass Ihr Kind zuviel fernsieht, beginnen Sie diese Gefühlsäußerung mit ich. „Ich möchte nicht, dass du so häufig fernsiehst."

Senden Sie auch hier eine Ich-Botschaft: „Ich ärgere mich, dass ich mich kaum noch mit dir unterhalten kann, weil der Fernseher so oft läuft," ist eine Aussage, mit der sich arbeiten lässt, die zulässt, Kompromisse zu finden, denn diese Äußerung ist aufrichtig. Ängste und Gefühle, die nicht so ausgedrückt werden, dass sie das Selbstwertgefühl des Kindes belasten oder dem Kind das Gefühl der Schuld geben, schaden Kindern nicht.

Dagegen bringt die folgende Aussage sehr wahrscheinlich Streit, vielleicht kurze Unterbrechung der ungewünschten Handlung, aber mit Sicherheit keine langfristige Lösung.

„Du verdirbst mir regelrecht den Appetit dadurch, dass der Fernseher schon wieder läuft, dir ist es völlig gleichgültig, ob ich mit dir während des Essens reden möchte."

Die Ich-Botschaft:

„Ich mag es nicht, wenn mittags der Fernseher läuft, ich möchte mich gerne mit dir während des Essens unterhalten." Diese Aussage legt statt Schuldgefühle die eigenen Bedürfnisse dar. Um nicht wieder in Schuldzuweisungen und Schimpfen zu verfallen, beginnen Sie den Satz mit Ich.

Ihr Kind wird hierdurch eher auf das Gesagte eingehen, als wenn Drohungen geäußert werden.

Auch ein kleines Kind wird besser verstehen, wenn Sie ihm sagen: „Ich muss jetzt noch den Rasen mähen, danach habe ich Zeit, mit dir zu spielen,", anstatt „du siehst doch, dass ich jetzt keine Zeit habe, du musst dich noch gedulden.

Stehen Sie zu dem, was Sie sagen. Sie ärgern sich darüber, dass der Fernseher so wichtig ist

Ich-Botschaften lassen es zu, dass   Kinder wegen ihrer Fehler nicht „fertiggemacht" werden.

Es passiert immer mal wieder, dass ein Kind seine Zusage, im Haushalt eine vereinbarte Aufgabe zu erledigen, nicht hält.

Mittags liegt die Aufgabe immer noch unberührt. Einige Eltern macht dies so wütend, dass sie ihr Kind so heftig „zusammenstauchen," dass es der Selbstachtung des Kindes schadet. „Du bist unverschämt und unzuverlässig, du glaubst doch wohl nicht, dass ich dir noch einmal vertrauen werde."

Sicherlich haben Eltern das Recht sich zu ärgern, wenn ihre Kinder sich nicht an die Abmachung halten. Sie sollten sich auch das Recht herausnehmen und eine Konsequenz folgen lassen. Dieser Ärger muß aber nicht so aussehen, dass ich ein Kind „fertigmache." Machen Sie sich klar, dass Sie dem Verhalten Ihres Kindes nicht ausgeliefert sind. Diese Überlegung verhindert eine Überreaktion.

Packen Sie Ihren Gefühlsausbruch in eine Ich-Aussage:

„Ich ärgere mich darüber, dass du deine Arbeit nicht erledigt hast, wir werden über Konsequenzen nachdenken, aber zuerst einmal erledigst du sie jetzt vor dem Spielen ."

Zeigen Sie Ihrem Kind, wenn Sie sich ärgern

Haben Sie Groll, verbergen Sie ihn nicht, sprechen Sie offen über Ihren Ärger. Kinder spüren, wenn Sie Gelassenheit vorspielen, es führt zur Verunsicherung.

Lassen Sie Ihr Kind spüren, wenn Sie sauer sind, wenn Sie für den Moment unsicher sind und eine Überdenkpause brauchen, bleiben Sie „echt" in Ihrem Erscheinungsbild. Sie müssen nicht in allen Situationen allzeit souverän auf Ihr Kind wirken. Zeigen Sie ein wütendes Gesicht zu einer wütenden Frage. Zeigen Sie Ihrem Kind auch Ihre Gefühle an „schlechten" Tagen. Schlechte Laune gehört mit zum Alltag, das Wissen hierüber ist wichtig, damit Ihr Kind spürt, dass schlechte Laune nicht immer im Zusammenhang mit seiner Person steht. Diese Erfahrung sorgt auch für die Grundlage, dass Kinder lernen, Gefühle mitzuteilen.

Kommt Ihr Kind in das Trotzalter,

ist es wichtig, zu erkennen, dass es seine Umwelt nicht ärgern möchte, dass diese Zeit wichtig für seine Entwicklung ist. Benennen Sie diese Phase nicht als Trotzphase, benennen Sie sie als Orientierungsphase oder Grenz-Verständnis-Phase, um sich daran zu erinnern, was sie letztendlich mit sich bringt und wie Sie Ihr Kind in einer der schwierigen Lebensphasen, unterstützen können. Dazu gehört z.B. das Eingehen auf die Trotz-Phase durch Ablenkung in Streitsituationen und durch Hilfestellung bei Entscheidungen. Wenn Sie sich mit den Entwicklungsstufen eines Kindes vertraut machen, werden Sie sich weniger ärgern. Ein krabbelndes Kind möchte seine Welt entdecken. Ärger darüber, dass es immer wieder den gleichen Gegenstand aus dem Regal räumt, gehen Sie in diesem Alter am besten aus dem Weg, indem Sie ein :"Nein" aussprechen und den Gegenstand hochstellen. In diesem Alter ist es sinnvoll ein Kind abzulenken. Mit einem „Nein, nicht das Telefon hochheben, nehmen Sie Ihr Kind fort von der Stelle und zeigen ihm einen anderen Gegenstand. Kinder in dem Alter sind sehr neugierig und lassen sich all zu gerne ablenken.

Wenn das Kind in seiner Entwicklung so weit ist, daß es sich mit einem Nein vor seine Eltern stellt, wird es das Konzept von Grenzen und Konsequenzen bei Nichteinhaltung wohl verstehen. Vergegenwärtigen Sie sich, dass Sie in dieser Zeit fast ausschließlich schimpfen könnten, weil Ihr Kind alles boykottiert, aber schimpfen ist hier sinnlos. Um verständnisvoll sein zu können, bedarf es manchmal einer „Streitpause." Versuchen Sie sich wie eine dritte Person in das Geschehen hineinzudenken. Das wird natürlich nicht immer gelingen, aber versuchen Sie es so häufig wie möglich zu praktizieren.
Durch häufige Auseinandersetzungen sind Eltern irritiert. Sie möchten die momentane Situation verändern, um weniger Streit zu haben, so halten sie Situationen, hinter denen sie nicht wirklich stehen, zu lange aus, was in den meisten Fällen zur Eskalation führt.
Gerade jetzt aber ist konsequentes Handeln wichtig.
„Philipp, ich möchte nicht, dass du mit der Wasserfarbe auf dem Wohnzimmertisch malst, wenn du damit nicht aufhörst, nehme ich dir die Farbe weg." Wenn Philipp weiter den Tisch bemalt, wird die Farbe weggepackt, auch wenn er felsenfest behauptet, dass er damit aufhören wird.

Alternativen in der Trotzphase:

Bieten Sie Ihrem Kind Alternativen an, hinter denen Sie stehen können. Ihr Kind bekommt damit die Möglichkeit zur Entscheidung.
Es regnet und sie möchten, dass Ihr Kind die Regenjacke anzieht, wenn es nach draußen geht. Sie wissen, dass es diese sehr ungern trägt.
Versuchen Sie ihm eine Alternativmöglichkeit anzubieten, oft verändert ein Kind dann seine Einstellung, weil es viel wichtiger ist, Entscheidungen zu treffen, als zu boykottieren.
Viele Entscheidungen treffen zu können, hilft dem Kind über das Trotzen hinweg.
Unterstützen Sie Ihr Kind darin, dass es Entscheidungen treffen kann.
„ Du kannst entscheiden, ob du aufhörst hier herumzuschreien oder ob du in dein Zimmer gehen willst." Schreit Ihr Kind weiter, sollten Sie es in sein Zimmer schicken oder bringen, nennen Sie eine kurze Auszeit und seien Sie konsequent. Lassen Sie Ihr Kind Entscheidungen über Essen, Spielzeug, Freizeit treffen.

Geben Sie Entscheidungshilfen

In einer Reihe von Situationen kann es sinnvoll sein, Entscheidungshilfen zu geben, dazu gehört beispielsweise die Kleidung. Ihrer Tochter fällt mitten im Winter ein, dass sie ein wunderschönes Sommerkleid hat und dazu die passenden Sandalen.
Hier heißt es gut überlegen, was Sie jetzt antworten. Die Antwort sollte überdacht sein, dem Kind zeigen: „Ich verstehe, dass du das jetzt möchtest, aber es gibt vernünftige Gründe jetzt Wintersachen zu tragen." Die Überlegung könnte so aussehen:

1. Ich erlaube meiner Tochter mit dem Sommerkleid, aber nicht mit Sandalen nach draußen zu gehen; wenn sie friert, wird sie spätestens merken, dass Wintersachen angebrachter sind, oder:

2. Ich möchte es nicht zulassen, dass sie Sommersachen trägt, weil ich voraussehe, dass mein Kind frieren wird und ich möchte es davor bewahren.

Für welche Meinung Sie sich auch entscheiden, sie sollte eine überlegte Entscheidung zur Grundlage haben, bevor Sie Ihrem Kind antworten. Eine Meinung, die Sie Ihrem Kind logisch begründen können. Eltern sollten die Motive ihres Handelns erklären, sobald Kinder in der Lage sind, diese zu verstehen.

Haben Sie eine Begründung für die Wintersachen und setzen diese durch, dann sollte Ihr Kind das Recht haben auszusuchen, welchen Winterpullover, welche Hose und Winterschuhe es anziehen möchte. Da es auf seinen Wunsch verzichten musste, sollte es dann unwichtig sein, ob die Zusammenstellung paßt. Überlegen Sie, was Ihnen hiermit gelungen ist. Sie sind fest bei Ihrer überlegten Meinung geblieben und haben Ihrem Kind die Möglichkeit der Mitbestimmung eingeräumt. Das es nicht einfach um die Durchsetzung eines Elternwunsches geht, wird Ihr Kind spätestens dann feststellen, wenn es sich selbständig die Kleidung zusammenstellen darf, auch wenn sie farblich nicht passend ist.

Kindern in der Trotzphase sollte diese Möglichkeit der Mitbestimmung bei vorheriger Entscheidung oft genug gegeben werden. Es sollte auch mitentscheiden dürfen, wie es mithelfen kann im Haushalt. Geben Sie ihm Entscheidungsfreiheiten, dann wird es seine Aufgabe lieber erfüllen.

Das Thema Essen

Eltern sollten gerade in der Trotzphase darauf achten, dass sie ihr Kind nicht zum Essen zwingen. Wird dem Essen eine übertriebene Bedeutung beigemessen, kann es zu Eßschwierigkeiten kommen. Spüren Kinder sich einem Essensdruck ausgesetzt, das kann auch schon im Babyalter sein, reagieren sie häufig mit Essensverweigerung. Kinder im Trotzalter spüren Druck nur allzu schnell und reagieren direkt darauf. Zeigen Eltern Spannung und spürt ein Kind aus ihrem Verhalten, dass es zum Wohl der Eltern ißt und nicht zu seinem eigenen Wohl, wird es das Essen als Waffe gegen die Eltern benutzen. In jedem Kind sind natürliche Impulse vorhanden. Verzichten Eltern auf Überreden und Drohungen und nehmen das Essen ohne Ärger weg, wenn ihr Kind nicht mehr essen will, wird es bald Hunger verspüren und nach dem Essen fragen. Es sollte dann aber die Konsequenz seiner Essensverweigerung erfahren. Weigert es sich zu essen, was ihm mittags vorgesetzt wurde, hat es ein Recht dazu. Es bekommt aber keinen Nachtisch.

Es sollte auch nicht aus Mitleid süße Brote, Teilchen oder ähnliches bekommen. Es darf bis zum Abendessen wirklich hungrig sein und nicht zwischendurch alles Mögliche zu essen bekommen, weil es am Mittagstisch keinen Hunger hatte.

Streit am Essenstisch kann vermieden werden, wenn es klare Abmachungen gibt.

Niklas hat gelernt, dass er nur dann seinen Nachtisch bekommt, wenn er sein Essen vorher gegessen hat. Manchmal versucht er seiner Mutter zu zeigen, wie eklig er das Essen findet, er würgt sich das Gemüse herunter. Aber seit dem seine Mutter ihm auch dann das Essen wegnimmt, anstatt wie früher zu drohen: „Wenn du das Gemüse nicht ißt, bekommst du keinen Pudding, verzichtet er immer häufiger auf dieses Verhalten. Sein Teller wird ohne ärgerlichen Ausdruck mit der Bemerkung weggenommen: „Du hast wohl scheinbar keinen Hunger."

Niklas wird dann darauf verzichten müssen, seinen Nachtisch zu bekommen. Seine Mutter hat gelernt, wie wichtig es ist, auch hier konsequent zu handeln.

Niklas darf seit ein paar Wochen beim Kochen mithelfen, seitdem schmecken ihm auch Dinge, die er früher überhaupt nicht mochte.

Bekommt ein Kind die Möglichkeit, innerhalb der Grenzen mitzubestimmen, kommen Erwachsene und Kinder zu ihrem Recht.

Ein Kind wird in seiner Trotzphase seine Ich-Findung um so eher ausleben können, wenn ihm in dieser Zeitphase Verständnis entgegengebracht wird. Gerade jetzt aber sind Eltern durcheinander, sie haben das Gefühl, ohne Kompromisse ihr Kind entweder besonders stark in seine Grenzen verweisen zu müssen oder sie wollen für alles Verständnis haben. Verständnisvoll sein heißt aber in ihrem Fall: Das Kind soll seinen Willen haben, zweimal, dreimal, bis ihnen dann doch „der Kragen platzt", weil sie merken, dass ihr Kind nach immer weiter gesteckten Grenzen sucht, es ist auf der Suche nach einem Halt!

Keine Angst, dass Sie einen kleinen Tyrannen erziehen, wenn Sie in dieser Zeit verständnisvoll mit ihm umgehen. Ein Kind braucht das Gefühl, dass es geliebt wird, dies kann ihm durch verständnisvolle Behandlung gezeigt werden. Die Komponente Liebe und Halt geben, in Form von Grenzen setzen, sind Voraussetzungen, für die starke Persönlichkeitsentwicklung eines Kindes. Überlegen Sie sich in dieser Zeit, wie Sie fordern. Wenn Sie eine Forderung durchsetzen möchten, stehen Sie dazu, was Sie Ihren Kindern gegenüber durchsetzen möchten. Sie ersparen sich einen langen, heftigen Kampf, denn Ihr Kind sucht nach einer festen Überzeugung, dafür kämpft es auch und es hat das Recht dazu, sie zu finden. Achten Sie bei der nächsten Auseinandersetzung also darauf, wie unterschiedlich Ihr Kind auf ein festes Nein oder ein Jein reagiert. Ein Kind, dass allzu heftig auf eine feste Aussage reagiert, hat schon oft erlebt, dass diese Aussage nur kurzfristig klar bleibt, schon bald wird aus dem Nein ein Ja. Warum soll es darauf verzichten, die Eltern „rumzukriegen." In der Vergangenheit hat es schon oft erlebt, dass die Eltern bei Wutausbrüchen nachgegeben haben, also wird dieses Instrument eingesetzt. Je nach Stimmung reagieren Eltern, indem das kleine Geschöpf „fertig gemacht" wird, mit Worten, schlimmstenfalls mir körperlichen Attacken. Das Kind ist verunsichert, orientierungslos.

Ein Kind erlebt die Situation folgendermaßen: Der Zornausbruch, der doch vor kurzem noch mit Erlauben belohnt wurde, ist jetzt absolut unerwünscht. Woran soll es sich festhalten? Was hat Bestand aus seiner Sicht?

Das trotzende Kind darf nicht zu hart behandelt werden, es darf auch nicht zu nachgiebig behandelt werden. Die Erfüllung jeden ertrotzten Wunsches ist keine Erziehung, sondern Lieblosigkeit und Bequemlichkeit. Das Kind will durch Wutausbrüche, die es selbst nicht kontrollieren kann, die Begrenzung herausfinden, in der es geborgen und bewahrt, allmählich selbständig wird.

Kinder reagieren auf unsicheres Verhalten

Fühlen sich Eltern beobachtet, reagieren sie häufig auf Fragen oder Bitten ihres Kindes anders, als wenn sie alleine sind. Sie wirken verunsichert, und verhalten sich verkrampft. Ihre Kinder spüren diesen Zustand und nutzen die Situation für sich aus, wenn sie die Erfahrung gemacht haben, dass ihren Wünschen dann nachgekommen wird.

Wenn Verena mit ihrer Mutter einkaufen geht, gibt es jedes mal Ärger, wenn Verena nichts gekauft bekommt. Verena schreit, schmeißt sich auf den Boden, rüttelt wie wild am Einkaufswagen. Sie verhält sich besonders laut, wenn Bekannte in der Nähe sind, da sie weiß, dass ihre Mutter schnell auf ihr Schreien eingehen wird. Verenas Mutter findet diesen Auftritt fürchterlich, sie geht schon mit einem ganz seltsamen Gefühl in den Supermarkt.

Verena erzählt ihrer Oma nach dem Einkauf: „Die Mama ist beim Einkaufen ganz komisch." Sie bringt damit die Verhaltensunsicherheit ihrer Mutter auf den Punkt.

Kinder haben ein feines Gespür für die Unsicherheit, wenn dritte Personen dabei sind. Sie fühlen „Mama oder Papa würden jetzt anders handeln, wenn sie allein wären.

Machen Eltern und Erzieher ihr erzieherisches Handeln von Außenstehenden abhängig, werden sie fremdgesteuert. Sie verhalten sich so, dass ihre Handlung von Beobachtern angepasst und anerkannt wird, auch wenn der eigene Erziehungsansatz ein anderer ist, werden sie mit dem scheinbar gewünschten Verhalten reagieren. Ein Kind erfasst dies in der Situation im Supermarkt und schildert: „ Mama ist so komisch.“
Wird das Handeln durch andere blockiert oder verändern Eltern und Erzieher ihr Handeln auffallend, schadet es der eigenen Person und der Beziehung zwischen Erwachsenem und Kind.
Wenn Helenes Mutter Besuch von ihrer Freundin bekommt, ist sie viel strenger zu Helene. Sie verbietet Dinge, die sie sonst erlaubt. Darauf reagiert Helene wütend und aufsässig. Das wiederum ärgert ihre Mutter, die sie dann, auch mit Gewalt, aus dem Wohnzimmer verbannt. Sie rüttelt Helene mit den Worten: „Dieses Theater machst du immer nur, wenn meine Freundin hier ist.“
Sie sollten auch vor Anwesenden echt, zuverlässig, also authentisch sein, dann kommen Sie bei Ihrem Kind auch so an. Hier hilft nur: Stehen Sie zu Ihrem Erziehungsansatz. Lassen Sie es auch zu einem Wutausbruch kommen, wenn Publikum in der Nähe ist. Denken Sie langfristig und halten Sie die Situation aus, verscheuchen Sie unangenehme Gedanken, die sich auf die Umwelt beziehen. Überhören Sie die klugen Ratschläge oder Beschimpfungen, die eventuell, von den Mitbetrachtern ausgesprochen werden. Zur aller größten Not können Sie das Geschäft verlassen, bis sich Ihr Kind beruhigt hat.

Angst die Nähe zu meinem Kind zu verlieren

Manchmal ist es die Reaktion unseres Kindes auf Konsequenzen, die uns wanken lässt und die Angst, daß wir die emotionale Nähe unseres Kindes verlieren, wenn es zu oft an seine Grenzen stößt. Denn wir werden natürlich auf Widerstand stoßen. Kein Kind wird bei einem konsequenten Nein auf seine Wunschäußerung strahlen und sagen: „Toll, wie konsequent mit mir umgegangen wird.“ Wir werden uns mit seiner Wut auseinandersetzen müssen. Aber das gehört zu einer gesunden Erwachsenen-Kindbeziehung.

Eltern und Erzieher verhalten sich in Streßsituationen meistens nach dem Vorbild der eigenen Erzieher. Vielleicht kommt es deshalb häufig zu unüberlegten, übernommenen Verhaltensweisen.

Der dreijährige Marcel, der mittags schon wieder das Baby mit Spielzeug beworfen hat, wird dabei von seinem Vater ertappt. Sein Vater schimpft ihn aus und erklärt ihm scharf, dass er den ganzen Tag nicht mit ihm spielen werde. Marcels Vater weiß zwar, dass es richtig war, das Bewerfen zu unterbinden, aber er spürt nach einiger Zeit trotz seiner Wut ein unangenehmes Gefühl, wenn er an die Konsequenz denkt. Es kommen ihm Gedanken an die Momente aus seiner Kindheit, in denen er sich ungerecht behandelt fühlte. Mit diesem Gefühl kommt ein schlechtes Gewissen: „ War ich jetzt zu streng, tue ich meinem Kind unrecht, verliere ich sein Vertrauen, seine Nähe." Solch überzogene Konsequenzen können auf Dauer in der Tat die Nähe zum Kind nehmen. Bei dieser Konsequenz fehlt die Verknüpfung zum vorherigen Geschehen. Marcel fühlt sich vielleicht im ersten Moment zurecht getadelt, weil er sich schuldig und ertappt fühlt. Im Laufe des Tages kehrt sich dieses Gefühl in Wut gegen seinen kleinen Bruder und seinen Vater um.

Verknüpfungen

Verknüpfen Sie Ihre Konsequenzen an das Verhalten des Kindes, wird ein Kind die Konsequenz auf sein Handeln beziehen können, nicht auf seine ganze Person.

Timo hat seinen Joghurt auf den Essenstisch geschmiert. Seine Mutter sieht dies und wird wütend:

„Wenn du ein so unmögliches und unverschämtes Kind bist, werde ich dir keine Gute-Nacht-Geschichte erzählen." Dies ist eine Aussage, die Timo das Gefühl von: Mama lehnt mich ab, gibt. Tatsächlich meint Timos Mutter die Handlung, die Ihr Kind begangen hat, nicht Timo selbst. So sollte sie ihren Ärger auch benennen.

„Timo, was du gemacht hast ärgert mich, du wirst dir einen Lappen nehmen und den Tisch säubern. Das nächste Mal darfst du deinen Joghurt nicht mehr im Wohnzimmer essen, du bleibst dann hier in der Küche."

Nehmen Sie sich die Vorstellung, dass perfekte Lösungen so aussehen, dass nach einer Absprache eitel Sonnenschein herrscht

Nach einer Absprache zwischen einer Mutter und ihren beiden Töchtern, dass sich die Mutter mittags ungestört eine halbe Stunde hinlegen möchte, kommt die fünf Jahre alte Tochter ins Zimmer, weil sie Durst hat. Die Mutter schickt sie in die Küche: „Du weißt ja, wo alles steht.." Die Mutter besteht auf Einhalten der Absprache. Sie artikuliert ihre Bedürfnisse. Das Kind akzeptiert das, wenn auch nicht freudestrahlend. Trotzdem ist die Mutter nicht zufrieden, denn ihr Kind zeigte Missmut; in ihr kommen Schuldgefühle auf.

Erziehende haben oft die Schwierigkeiten, Grenzen zu setzen, aber unendlich mehr Schwierigkeiten mit den Konsequenzen und den eigenen Gefühlen, die sich aus den Konsequenzen ergeben, zurechtzukommen.

Wer Grenzen setzt und konsequent handelt, wird nicht immer geliebt, er wird allerdings geachtet, respektiert, manchmal auch im Moment gehasst. Dies gehört zu einer gefühlsmäßig reifen Eltern-Kind-Beziehung.

Kinder testen Grenzen durch Versuch und Irrtum aus, dies insbesondere in Situationen, in denen verlässliche Regeln, klare Grenzen fehlen oder in denen Erwachsene unklar und unsicher handeln.

Wodurch verstärke ich auffälliges Verhalten?

Zeigt ein Kind Auffälligkeiten, ein Symptom, wird es bis dahin viele Tage gegeben haben, an denen Eltern und Kinder das Gefühl hatten, sich nicht mehr gut zu verstehen oder es herrschte eine Familienatmosphäre, die entfernt war, von einem guten Miteinander.

Das Kind als Symptomträger zeigt, dass es ansteht, das Verhalten der Familie dahingehend zu überdenken, ob in der Familie Verhaltensweisen fehlgesteuert sind. Das Kind trägt die Fehlsteuerung nur aus, sie liegt in den seltensten Fällen bei ihm selbst. Kurz gesagt, Verhaltensstörungen sind häufig direkt auf Probleme in der Entwicklung familiärer Beziehungen zurückzuführen.

Deshalb sollte bei immer wiederkehrendem, auffallendem Verhalten, die Beobachtung weg vom Symptom, der auffälligen Verhaltensweise und hin auf das Verhalten der Familie gehen.

Wird nur das Symptom gesehen, und daran gearbeitet, erfährt ein Kind für seine negative Verhaltensweise Aufmerksamkeit und das Symptom wird verstärkt.

Konzentrieren sich Eltern und Erzieher eher auf das negative Handeln des Kindes, erfährt es dadurch Aufmerksamkeit und nimmt diese auch an. Kinder brauchen Aufmerksamkeit und sie wählen lieber die negative als kaum oder gar keine.

Negatives Verhalten verstärken bedeutet, unangemessenes Verhalten zu fördern, indem genau das beachtet, also belohnt wird, was uns stört.

Unangemessenes Verhalten wird belohnt

Bevor Eltern einen Verhaltensänderungsplan aufsetzen, sollte ihnen noch eine kleine Einsicht in die Verhaltenstherapie gegeben werden, um erkennen zu können, warum Kinder an unangemessenem Verhalten festhalten, obwohl sie negative Zuwendung bekommen.

Durch auffälliges Verhalten, ganz gleich um welches es sich handelt, erhält ein Kind mehr Aufmerksamkeit. Dabei ist es ganz gleich, um welche Auffälligkeit es sich handelt. Das Kind, das ständig in die Klasse ruft, um gehört zu werden, bekommt seine Aufmerksamkeit auch durch die negative Zuwendung: „Lisa, musst du schon wieder stören, halte dich an die Regel und zeige auf."

Kay, der im Kindergarten, wenn es ihm langweilig ist oder wenn er nicht in ein Gruppenspiel einsteigen kann, die anderen Kinder mit Bauklötze bewirft, hat schnell gelernt, dass er dadurch die Aufmerksamkeit der Kindergärtnerin erhält.

Oft wird ihm dann zur Beruhigung zugestanden, in den Toberaum zu gehen. Die anderen Kinder, die ohne Kay dort spielen wollten, werden zur Einsicht gebracht und sie lassen Kay mitspielen.

Wieso sollte Kay verändertes Verhalten zeigen? Er hat gelernt, seine Wünsche auf diesem Wege durchzusetzen.

Dazu das Beispiel einer Lehrerin, die mich wegen eines Jungen anrief, der bei mir in Behandlung war.

Sie äußerte sich ärgerlich darüber, dass er, ganz gleich was sie ihm sagte oder ihm androhte, weiter den Unterricht störte. In der weiteren Ausführung erklärte sie mir, dass er mitten im Unterricht Fragen an sie richtete, sie sagte ihm, er solle ruhig arbeiten, das wäre doch so vereinbart. Er stellte eine andere Frage, sie erklärte ihm noch länger, als zuvor, dass sie keine Störungen haben möchte, dass sie es unverschämt fände und sich ärgerte. Das steigerte sich soweit, dass er die Aufmerksamkeit der ganzen Klasse auf sich gezogen hatte.

Die Lehrerin wurde dazu angehalten, mit Kay ein Zeichen zu vereinbaren, ein Abwinken, wenn sie auf seine Zwischenrufe nicht eingehen wollte. Sie antwortete ihm weiter nichts auf seine Fragen. Übersah er das Zeichen, bekam er eine Auszeit, indem er für kurze Zeit aus der Klasse gehen mußte, aber weiter wurde nicht auf ihn eingegangen.

Hatte er sich später wieder in den Unterricht eingefunden und benahm sich nicht auffällig, wurde er von seiner Lehrerin gelobt.

Der Entzug von Aufmerksamkeit bei unerwünschtem Verhalten und positive Verstärkung noch während er erwünschtes Verhalten zeigt, ist eine klare Methode, die am schnellsten wirkt. Zudem ist es eine Methode, die dem Kind die Selbstachtung erhält. Anstatt es anzuschreien, bekommt es einen kurzen Verweis oder eine Auszeit.

Um aus einem verstrickten Verhaltensmuster herauszukommen ist es hilfreich, anhand eines Beobachtungsbogens die festgefahrene Situation aufzuschreiben.

Verhaltensplan für Eltern

1. Schreiben Sie auf, welches Verhalten Sie bei Ihrem Kind ändern möchten.

2. Wann tritt dieses Verhalten auf? Hierzu führen Sie eine Woche lang Tagebuch.

3. Halten sie schriftlich fest, wie Sie das Verhalten unterbrechen möchten.

4. Welche Konsequenzen stellen Sie Ihrem Kind? Schreiben Sie die Zielvorstellung Ihrer Handlungsweisen auf.

In dieser Umlernzeit ist es wichtig, dass sich Ihr Kind besonders oft positiv wahrgenommen fühlt.

Führen Sie Tagebuch, um festzustellen, ob sich das Verhalten tatsächlich verändert.

In einer Veränderungsphase braucht jedes Kind ganz besonders das Gefühl der Annahme. Es braucht die Stärke seiner Eltern und Erzieher, die ihm zeigen: „Wir stecken in einer Sackgasse, hier kommen wir bald wieder heraus."

Max` Mutter erstellte einen Verhaltensplan:

1. Ich werde Max` Wutanfälle angehen.

2. Max sitzt seit ein paar Wochen jeden Mittag schreiend und trotzig am Mittagstisch. Auch am Morgen vor dem Gang in den Kindergarten gibt es Streit, weil er sich weigert, seine Schuhe anzuziehen, obwohl er dies schon gut beherrscht. Anstatt vernünftig zu fragen oder ruhig zu fordern, schreit er seine Forderung heraus.

3. Wenn ich mit Max schimpfe, verstärkt sich sein Wutanfall, ich schenke ihm besondere Aufmerksamkeit, wenn er so tobt. Ich werde ihm klar machen, dass ich sein Verhalten nicht dulde. "Max, wenn du nicht aufhörst so herumzutoben, gehst du in dein Zimmer:"

4. Unterbricht er sein Verhalten nicht, entscheide ich mich für die Auszeit. Ich gehe in kurzen Abständen freundlich auf ihn ein. Aber ich achte darauf, dass er in seinem Zimmer bleibt. Sobald er aufgehört hat zu schreien, darf er aus seinem Zimmer herauskommen und wird freundlich behandelt. Ich achte darauf, dass ich jetzt nicht wieder von dem Vorhergehenden beginne. Ich vermeide Sätze wie: „Das wird jetzt immer passieren, wenn du so ein Theater machst." Ich denke daran, dass es sich hier um eine Drohung handelt. Wenn ich konsequent handele, werde ich auf Drohungen verzichtet können.

Wenn Sie Verhaltensweisen angehen möchten, sollten Sie überlegen, was genau Sie daran ändern wollen.

Schreiben Sie die Zielvorstellung Ihrer Handlungsweise auf und zwar so genau wie möglich. Nach erfolgreicher Durchführung können Sie nun hinter

Ihre Verhaltensänderung   ein Häkchen einsetzen. Einen Strich für mißlungen.
Überprüfen Sie am Ende der Woche, was Ihnen tatsächlich gelungen ist.

Cornelias Mutter schreibt auf:

Jeder Morgen verläuft bei uns hektisch und wir verabschieden uns im Streit. Ich werde morgens 15 Minuten früher aufstehen und mir die Zeit nehmen, mit Cornelia in Ruhe zu frühstücken.

Stefans Mutter stellt fest, dass sie sich fast jeden Mittag mit ihrem Sohn streitet, meistens geht es um die Schule. Stefan macht ihr Vorwürfe, dass sie sich gar nicht wirklich für ihn interessiert, es ginge ihr nur um seine Schulleistung.
Stefans Mutter denkt über Veränderungen nach: „Ich werde am Mittagstisch nicht über die Schule sprechen, das ist momentan ein Reizthema, ich suche mir andere Themen. Ich erzähle von meinem Vormittag.
Ich werde im Alltagsgeschehen auf Positives bei meinem Kind achten und es auch für Kleinigkeiten loben.
Ich werde mich abends auch oder gerade dann, wenn wir doch wieder Streit hatten, an sein Bett setzen und überlegen, was schön war am Tag und was weniger erfreulich war, wir werden gemeinsam überlegen, wie Unerfreuliches ausgeräumt werden kann. Ich brauche keine Angst zu haben, dass das Verhältnis zwischen Stefan und mir dadurch gefährdet ist, dass ich auf seine Vorwürfe eingehe. Ganz im Gegenteil, ich habe die Erfahrung gemacht, dass er, wenn er diese Behandlung erfährt, gerne bereit ist, auch auf meine Bedürfnisse einzugehen.

Möchten Sie Verhalten bewusst verändern, kann es gerade in den ersten Wochen hilfreich sein, an einem Konzept festzuhalten, denn Ihr Kind wird zuerst einmal unverändert auf Sie zukommen. Manchmal reagieren Eltern in den ersten Wochen mit Resignation: „Bei uns hat das nicht funktioniert".
Vielleicht lag es daran, dass die Verhaltensauffälligkeit schon lange besteht und die Anforderungen zu hoch angesiedelt wurden.
Halten Sie durch, geben Sie Ihrem Kind die Chance, aus dieser Situation wieder herauszukommen, denn auch wenn es sich aufsässig und ganz und gar nicht einsichtig zeigt, es leidet in seiner aufsässigen Rolle.

Manchmal lässt sich Verhalten am besten in kleinen Abschnitten verändern

Sven hatte sich angewöhnt, mittags, wenn er aus der Schule kam, gleich nach der Begrüßung, nach dem Essen zu fragen. Nach erhaltener Antwort sagte er irgendetwas Negatives über das Mittagessen: „Kannst du nichts Vernünftiges kochen, du kochst nur Dinge, die ich nicht mag." Solche und ähnliche Aussagen brachte er so lange, bis seine Mutter beleidigt darauf reagierte und sie Streit hatten. Trotz allem aß er oft große Portionen. Im Gespräch kam heraus, dass Sven das Thema Schule am Mittagstisch nicht besprechen wollte. Er hatte nur die Chance, über das Streitthema Essen seine Mutter davon abzuhalten, ihn „auszuhorchen", denn sie schwieg, wenn sie beleidigt war. Das lenkte vom Schulthema ab.

Zuerst einmal ärgerte sich Svens Mutter über das, was sie von ihrem Sohn hörte. Sie war aber bereit, auf ihn einzugehen.

Im Verhaltensänderungsplan hatte sie eingetragen, dass sie am Mittagstisch das Thema Schule meiden würde. Svens Angriff über das Essen hatte sich allerdings so eingefahren, dass sein vorliegendes Verhalten langsam umgeformt werden musste, das heißt, das erste Schrittchen auf dem Weg zum Zielverhalten muss anerkannt, gelobt werden.

Die Frage: „Was für einen Mist gibt es heute zu essen?" ignorierte Svens Mutter. Sie antwortete ihm nicht auf aggressive oder provozierende Fragen. Stellte er daraufhin eine Frage, ohne Provokation, wurde dies positiv bemerkt und gelobt.

Zuvor hatte Sven immer sehr viel Aufmerksamkeit von seiner Mutter bekommen, wenn er über das Mittagessen schimpfte. Dadurch gelang es ihm, abzulenken. Diese Art von Aufmerksamkeit fiel nun weg und wurde nur gezeigt, wenn Sven sich annähernd dem Zielverhalten zeigte. Svens Mutter achtete darauf, dass das Thema Schule während des Essens nicht besprochen wurde, sie achtete in der kommenden Zeit weitgehend darauf, auf das Thema Schule zu verzichten.

Jedem Kind werden die positiven Zuwendungen viel besser gefallen und es wird sich bald bemühen, eher mit solchen Dingen zu glänzen.

Sobald Sven herausgefunden hatte, dass ihm sein Schimpfen keine Aufmerksamkeit mehr brachte, griff er gerne auf die positive Alternative zurück.

Als Sven eine gewisse Stabilisierung erreicht hatte, wurde sein Verhalten auf diesem Stand nicht mehr gelobt.

Die nächste Stufe wird angesetzt: Sven hatte aufgehört, sich wie früher negativ über jede Essenszubereitung auszulassen; jetzt gab er seine Kommentare nur dann ab, wenn ihm das Essen wirklich nicht schmeckte.

In der nächsten Stufe nahm ihm seine Mutter das Essen fort, wenn er es verweigerte. Das kam immer dann vor, wenn Gemüse aufgetischt wurde, oder Gewürze zu schmecken waren, die er nicht mochte. Seine Mutter nahm ihm den Teller fort ohne zu schimpfen. Bereitete sie ihm früher ein anderes Essen zu, bot sie ihm heute außer Obst nichts weiter zu essen an. Auf sein Schreien, er müsse hier wohl verhungern, ging sie nicht ein.

Er hatte bald gelernt, dass er über das Thema Essen nicht mehr ablenken konnte und durch Provokation keine Macht mehr bekam. Als ihm dies nach einigen Wiederholungen klar wurde, baute sich seine aggressive, provozierende Artikulation und Verhaltensweisen nach einiger Zeit ab.

Warum es manchmal so schwierig ist, Situationen zu verändern

Immer wieder berichten Eltern, sie könnten in der angegebenen Problematik nichts positiv loben, es gäbe nichts Erkennbares, was sich geändert hätte. Svens Mutter glaubte anfangs, keine Veränderung wahrnehmen zu können. Sie mußte lernen, auf Kleinigkeiten zu achten. Vielleicht eine weniger harte Art des Ausdrucks, wie z.B. „Na ja, das Essen könnte zwar besser sein, aber o.k." Diese Aussage spiegelt natürlich noch nicht das gewünschte Verhalten wider, aber es ist schon ein kleiner Schritt dorthin.

In einem anderen Beispiel soll gezeigt werden, dass es auch möglich ist, dem unangenehmen Verhalten zuvor zu kommen. Dadurch bekommt ein Kind die Möglichkeit, einmal ganz anders zu reagieren. Hierfür wird es gelobt, eventuell belohnt. Diese positive Reaktion des Kindes tritt dann wahrscheinlich schon bald wieder ein.

Carsten schreit jedesmal, wenn seine Eltern abends das Kinderzimmer verlassen. Die Stimmung ist jeden Abend auf dem Nullpunkt.

Carstens Eltern versuchten anhand eines Tagebuches herauszufinden, was hinter dem Verhalten ihres Kindes stand. Vielleicht lag es daran, dass Sie zu häufig die Grenze verwaschen hatten, indem Sie immer wieder zurückgingen, erklärten, drohten. Aber in der Eigenbeobachtungsphase stellten Sie fest, dass dies nicht der Fall war.

Weitere Überlegungen gingen dahin, dass ihr Kind nicht genug Aufmerksamkeit bekam. Carstens Mutter hatte gerade eine neue Arbeitsstelle begonnen und es gab familiäre Unstimmigkeiten, die viel Energie verbrauchten. Nach der Eigenbeobachtung merkten beide Elternteile, wie häufig sie ihrem Kind sagten, gleich, warte, oder ja schön gemalt, ohne wirklich hingesehen zu haben.

Über einen Verhaltensplan konnte jetzt eigenes Verhalten festgehalten und Zielvorstellungen beschrieben werden. In der Veränderungsphase machten Carstens Eltern die Erfahrung, dass das Gefühl angenommen zu werden, nicht unbedingt eine Zeiteinheit ist.

Eltern können eine ganze Stunde mit ihrem Kind zusammen sein, ohne dass es sich angenommen fühlt. Die Intensität, ganz für ein Kind dazusein, spielt die weitaus größere Rolle.

In einer Familiensitzung beklagte sich ein Junge darüber, dass seine Eltern sich nicht für ihn interessierten. Die Eltern waren entsetzt und sagten, dass sie doch häufig mit ihm spielten. „Wenn wir spielen, läuft dabei der Fernseher, ich muß euch daran erinnern, wenn euer Spielzug kommt und ihr seid froh, wenn das Spiel zu Ende ist."

Carstens Eltern erkannten, dass Carsten seit ein paar Monaten wenig Zeit und Zuwendung erfahren hatte und die Vermutung bestand, dass Carsten deshalb am Abend schrie, wenn seine Eltern das Zimmer verließen. Sie nahmen sich vor, einmal ganz anders zu handeln, indem sie dem Schreien zuvorkamen.

„Ich finde es abends nicht mehr sehr gemütlich, wenn ich dich ins Bett bringe, deshalb möchte ich, dass du dich früher fertig machst, damit wir mehr Zeit zum Spielen oder schmusen haben."

Carsten wurde deutlich gesagt, dass er nach dem Zusammensein in seinem Bett liegen bleiben sollte, ohne zu schreien.

Nachdem geschmust und gekämpft wurde, kündigte Carstens Vater den Abschluss an: „Ich erzähle dir noch eine Geschichte und danach werde ich ins Wohnzimmer gehen."

Widersprüche oder Einwände dagegen wurden ignoriert. Manchmal half es, Carsten im Moment des Widerspruchs zu streicheln und ihm mit einer Geste zu beruhigen: „Pscht, höre der Geschichte zu."

Carsten wurde gebeten, dass er eine halbe Stunde früher ins Bett gehen sollte, damit noch genug Zeit vorhanden war, mit ihm zu raufen, zu kuscheln, zu erzählen. Und während dieser Zeit wurde immer wieder bemerkt, wie schön es ist, wenn der Abend so schön verläuft.

Nach der Geschichte machten seine Eltern ohne lange Erklärungen klar, dass ihnen der Abend viel Spaß gemacht hatte und dass sie es schön fänden, es morgen zu wiederholen.

Auf ein: „Nein, warte, ich muß dir noch dringend etwas erzählen,“ reagierten sie mit: „Morgen“ und verließen das Zimmer.

Fing Carsten an zu schreien, erinnerten ihn seine Eltern an die Verabredung mit einem kurzen Satz: „ Wir haben darüber gesprochen,“ danach ignorierten sie weitere Gesprächsthemen.

Sie wiederholten dieses Verhalten, zeigten mit Worten und Körperhaltung ein deutliches Nein.

Sie führten weiterhin ihr Veränderungskonzept durch und achteten darauf, ihrem Kind im Laufe des Tages ganze Zuwendung zu geben.

Was in gelungenen Situationen nicht außer Acht gelassen werden darf, ist die Achtung, die Eltern sich selbst in solchen Momenten geben; sie haben das Gefühl, dass sie unkontrolliertes Verhalten unter Kontrolle gebracht haben, sie fühlen sich als Mutter oder Vater wieder gut und das strahlt auf ihr Kind aus.

Dadurch, dass Eltern oft das Gefühl haben, dass Sie eine schlechte Mutter, ein schlechter Vater und mit der Situation überfordert sind, nimmt das System seinen Lauf. Wer den roten Faden, die Kontrolle in der Erziehung verloren hat, glaubt versagt zu haben, fühlt sich schlecht.   Eine von sich schlecht denkende Mutter schreit schnell. Ein von sich schlecht denkender Vater bestraft häufig. Das Kind wird sein Symptom verstärken.

Aus einer Hilflosigkeit heraus reagieren Eltern oftmals entweder mit noch mehr Kritik oder mit Resignation, dahinter steht: Ich habe versagt.

Manche Eltern leben nach der Vorstellung: Entweder oder. Entweder bin ich eine gute Mutter, ein guter Vater, dann verstehe ich mein Kind in fast allen Situationen ohne es anzuschreien oder ich bin eine schlechte Mutter, ein schlechter Vater. Diese Denkweise setzt unter Druck und sollte in sowohl als auch umgeändert werden. Das ist der erste Schritt. Der zweite Schritt, der von schnell schreienden Eltern getan werden kann, wäre, ein einziges Mal nicht zu schreien, einmal ganz anders zu reagieren.

Sie werden einen Welleneffekt kennenlernen, bei veränderter Handlung. Die Familie ist wie ein Mobile, verändert man nur ein Teil , verändern sich die anderen auch.

Familienkonferenz als Kommunikationshilfe

Wenn Sie auf ein Problem stoßen, dass Sie verändern möchten, ist es hilfreich, in einer ruhigen Minute über dieses Thema mit Ihrem Kind zu sprechen. Zeigen Sie Ihrem Kind, dass Sie interessiert an seinen Veränderungsideen sind. Kinder sind hier sehr phantasievoll und meistens bereit zur Kooperation, wenn ihre Gedanken mit einbezogen werden. In manchen Familien hat das Zusammensitzen, um nach Lösungen zu suchen einen Namen: Vertragsabkommen oder Familienkonferenz.

Diese Art der Kommunikation zwischen Eltern und Kindern kann viele verschiedene Funktionen erfüllen: Gegenseitigen Austausch, Vermittlung von Wünschen und Forderungen.
Aus der Natur der Beziehung zwischen Eltern und Kindern ergibt sich, dass Eltern den Rahmen der Beziehung vorgeben. Sie geben den Kindern Freiräume und setzen ihnen Grenzen. Die Kinder reagieren auf diese Grenzen, stellen sie in Frage, testen sie aus und wollen sie immer wieder erweitern. Diese Ordnung ist normalerweise nicht umkehrbar, und immer wenn die Kinder die Grenzen setzen und die Eltern nur mehr darauf reagieren, zeigt das eine Störung im System der Familie an.
Eltern, die Schwierigkeiten damit haben, Grenzen aufzustellen, können über die Familienkonferenz lernen, wie positiv sich diese Erziehungsmethode auf ihr Kind auswirkt, um so mehr, wenn es mitentscheiden darf, wie es Grenzen einhalten kann. Zur Grundlage einer Mitentscheidung gehören die Äußerungen von Bedürfnissen und Forderungen aller Gesprächsbeteiligten.

Der fünfjährige Phil bekommt jedes Mal einen Wutanfall, wenn seine Mutter beim Einkaufen nicht auf seine Wünsche eingeht. Phils Mutter nimmt sich vor, dieses Verhalten zu ändern. Dazu ist es sinnvoll, mit Phil über das Thema zu sprechen.
„Phil, wir haben jedes mal, wenn wir einkaufen gehen und du dir nichts kaufen darfst, Streit.
Da macht mir das Einkaufen gar keinen Spaß mehr. Hast du eine Idee, wie wir das verändern können."

Auf Sätze, wie „Ja, kauf mir immer was, dann schreie ich auch nicht, reagierte Phils Mutter, indem sie Ihre Forderung mit ins Gespräch brachte.
„ Ich möchte nicht jedesmal etwas kaufen."
Vielleicht wird dieses Thema auch innerhalb einer Familienkonferenz am Abendbrottisch besprochen.
Diese Form der Verhandlungs- und Besprechungsmöglichkeit bietet eine Vielfalt von verschiedenen Meinungen und Ideen. Wichtig ist, dass die Lösung im Vordergrund steht, auf keinen Fall die Anklage.

Eine Familienkonferenz kann da eingesetzt werden, wo ich nach einer festen Grenze suche

Wie sieht es aus, wenn die Vorstellungen von Eltern und Kindern auseinander gehen? Eltern auf der einen Seite, die darauf bestehen, dass ihr Kind das Kinderzimmer jeden Abend bevor es ins Bett geht, aufräumt, das Kind auf der anderen Seite, dass dies nicht einsieht und es ausreichend genug findet, einmal in der Woche aufzuräumen. Hier heißt es, nach Kompromissen zu suchen.

„Benedikt, wir möchten, dass du dein Zimmer abends aufräumst, sonst verlierst du den Überblick."
Kommt darauf die Antwort, dass er dies nicht einsieht, sollte keine Drohung folgen, sondern nach Kompromissen gesucht werden.
„Dir ist jeden Tag aufräumen zu viel, welche Vereinbarung könntest du denn halten."
Familienkonferenzen sollten nach Möglichkeit in einer ruhigen Atmosphäre gehalten werden, in der es nicht darum geht, die eigene Meinung durchzusetzen, in der es vielmehr darum geht, ein Übereinkommen zu finden. Abkommen zu treffen, an die sich dann auch jeder halten muß. Lassen Sie Ihr Kind bei der Ausarbeitung von Grenzen sowie bei der Festlegung von Konsequenzen mitentscheiden. Führen Sie einen Vertrag ein. Dieses Verfahren kann ab dem Vorschulalter eingeführt werden. Das Kind verpflichtet sich, die Vereinbarung einzuhalten.

Familienkonferenzen machen ein Miteinander möglich

Teilt Benedikt in diesem Gespräch mit, dass er es hasst, in seinem Zimmer Staub zu saugen, könnte ihm da nicht angeboten werden, dies zu übernehmen, wenn er im Gegenzug bereit wäre, den Müll hinunterzubringen?

Es gibt ein harmonisches Gefühl, wenn Familienmitglieder versuchen, den anderen zu verstehen und zu unterstützen. Die Forderungen sollten eingehalten werden, wenn nötig können aber Veränderungen besprochen werden. Steht dies im Vordergrund der Unterhaltung und nicht die Forderung der unbedingten Erfüllung ohne Rücksicht auf den anderen, wird sich jeder gerne an diesen Gesprächen beteiligen.

Verhindern Sie Machtgespräche, so häufig es geht. Der Erziehungssatz: „Du machst das, weil ich dir das sage und damit basta," nimmt Vertrauen, weckt den Kampf.

Kinder prüfen natürlich auch nach einem erfolgreichen Gespräch durch Versuch und Irrtum, wie weit sie gehen können, wann die Grenze der Belastbarkeit erreicht ist. Vielleicht hält sich Benedikt drei Tage lang an die Verabredung, sein Zimmer aufzuräumen am vierten Tag sieht das Zimmer nach einem Spielnachmittag chaotisch aus und Benedikt sitzt vor dem Fernseher.

„Jetzt reicht es, mach sofort den Fernseher aus und geh aufräumen," wäre eine bekannte Reaktion. Benedikts` Eltern verzichten darauf, weil es sich wieder um einen Machtkampf handelt und das Ganze wohl nicht ohne Schreien und Streit enden wird. Sie warten auch diesmal einen Zeitpunkt ab, der für alle akzeptabel ist. Sie überlegen, wie sie sich selbst verhalten, wenn sie gerade vor einem spannenden Film sitzen und ihr Partner sie zu einem Gespräch auffordert; er nicht bereit ist, darauf einzugehen, dass der momentane Zeitpunkt eine schlechte Voraussetzung für ein Gespräch ist.

Warum sollten sie nicht bis zum Abendessen warten können, die Unordnung wird ihnen nicht weglaufen. Sie möchten einen Erziehungsstil einführen, bei dem weder sie, noch ihr Kind sich hilflos fühlen.

Hilflosigkeit werden Eltern dann empfinden, wenn sie auf Konsequenzen verzichten, sie vergessen, sie anordnen, aber nicht ausführen. In obigem Beispiel könnte das Gespräch so aussehen:

„Benedikt, ich war heute in deinem Zimmer und habe festgestellt, dass du dich nicht an unsere Vereinbarung gehalten hast. Wir werden jetzt über

Konsequenzen nachdenken und sie festlegen." Er kann die Chance, aber nicht den Ausweg erhalten, für sich zu klären, ob er beispielsweise die falschen Tage zum Aufräumen gewählt hat.

Ein immer wiederkehrendes Problem

Stellen Sie Familienregeln auf, wenn es zum wiederholten Streit über eine Sache kommt; an diese Regel sollten sich dann aber alle Familienmitglieder halten. Die Aufstellung von Regeln und Grenzen in Bezug auf Konflikte sind nötig. Der immer wiederkehrende Streit um die im Flur liegende Tasche, das nicht aufgeräumte Zimmer belastet unnötig das Familienleben. Halten Sie eine Familienkonferenz ab, um solch wiederkehrende Situationen zu besprechen. Natürlich darf ein Kind dann auch bemerken, dass Papa seine Schuhe abends vor dem Sofa auszieht und auch nicht wegstellt. In einer Familienkonferenz gilt: Gleiches Recht für alle.

Diese Kommunikationsart gibt auch die Möglichkeit, auf Besonderheiten des einzelnen einzugehen, Phil kann gründlich staubsaugen, Benedikt mag Staubsaugen überhaupt nicht, räumt dafür aber die Spülmaschine aus.

Bei der Verteilung bestimmter Aufgaben im Haus sollten die Neigungen des Kindes berücksichtigt werden.

Vermeiden Sie das Durchsetzen der elterlichen Autorität ohne Vorwarnung oder vorherige Besprechung.

Zwischen Lena und ihren Eltern gibt es seit ein paar Tagen eine Vereinbarung darüber, wie oft Lena ihr Zimmer aufräumen muß. Lenas Mutter kommt nach einem anstrengenden Arbeitstag nach Hause. Sie wird von ihrer Tochter ins Kinderzimmer gerufen, die ihr zeigen möchte, was sie gebastelt hat. Lenas Mutter kommt in ein vollkommen unaufgeräumtes Zimmer, obwohl es für heute vereinbart war. In einem Anfall von Wut befiehlt sie Lena, das Zimmer sofort aufzuräumen, sie achtet nicht darauf, was ihre Tochter ihr zeigen möchte, sie ignoriert selbst Lenas Erklärung, dass sie später aufräumen wird. Sie glaubt nicht daran, dass Lena sich vorgenommen hatte, das Zimmer nach dem Spielen aufzuräumen. Sie setzt voraus, dass Lena sich, wie früher, nicht an die Verabredung halten wird. Lenas Mutter ist mit alten Voraussetzungen auf die neue Situation eingegangen. Dieses Verhalten ist ein „Handlungskiller." Lena wird ihr positives Selbstbild nicht dadurch bestätigen können, dass sie alleine an das Aufräumen gedacht hat. Sie erfährt von ihrer Mutter, dass ihr die Erfüllung der Verpflichtung nicht zugetraut wird. Das nimmt ihr die Motivation, sich ihrer Verantwortung zu stellen.

Hat ein Kind sich für das Erledigen einer bestimmten Aufgabe verantwortlich erklärt, sollten gewisse Maßstäbe und Zeitgrenzen gesetzt werden, die Rahmenbedingungen für die Erledigung der Pflicht. Darüber hinaus sollten Eltern keine Forderungen dahingehend stellen, dass Sie bestimmen möchten, wann der beste Zeitpunkt für die Erledigung gegeben ist. Diese Willkür raubt einem Kind das Stärkebewusstsein. So ein Verhalten ist ein Zeichen von Überforderung, und Frustration. Handeln Eltern öfter so, geben sie ihrem Kind das Gefühl, dass es ausgeliefert ist, dadurch wird ihm sein Stärkebewusstsein genommen.
In einer Familienkonferenz kann es durchaus vorkommen, dass Ihr Kind das Zusammentreffen nutzt, um seinem lang ersehnten Wunsch, sein Zimmer umzugestalten, mit einbringt. Überlegen Sie, ob Sie diesem Wunsch nicht nachgeben können, lassen Sie sich auf eine Diskussion ein.
Ermutigen Sie Ihr Kind über Probleme zu sprechen, ermutigen Sie Ihr Kind eine Lösung zu finden, das gibt ihm das Gefühl, dass seine Meinung wichtig ist, dass es ernst genommen wird. Regeln geben dem selbstunsicheren Kind Sicherheit und Stärke, um so mehr, wenn es mitbestimmen kann. Regeln sorgen für ein gutes Familienverhältnis.
Treffen unvorhergesehene Umstände ein, darf auf das Einhalten von Regeln verzichtet werden. Das heißt nicht, dass die Regeln belanglos sind. Weisen Sie deutlich auf die Besonderheit der Umstände hin. Kindern wird so das Gefühl des Verstandenwerdens, der Zugehörigkeit gegeben, auf sie kann man sich verlassen, auch wenn sie sich einmal nicht an die Verabredung halten. Regeln vermindern Streit, sorgen für ein besseres Klima.
Machen Sie ein Ritual aus diesem kommunikativen Zusammentreffen. Es gibt auch viele Kleinigkeiten, die während dieses Treffens angesprochen werden können. Beispielsweise beklagt Philipp, dass seine Mutter heute zu spät in den Kindergarten gekommen ist. Es müssen nicht immer große Probleme angegangen werden. Gespräche sind mitverantwortlich für ein gutes Klima, es können Unstimmigkeiten im Keim erstickt werden. Hierbei lernen Familienmitglieder einander wieder zuzuhören.

Zuhören

Über ein geplantes Zusammentreffen können Kommunikationsstrukturen innerhalb der Familie erkannt werden.

Wie läuft die Kommunikation innerhalb einer Familie ab, wenn wir Auseinandersetzungen haben, wenn es um eine Lösungssuche geht? Wie reden wir während einer Diskussion miteinander? Wer redet, wer hört zu? Was will ich eigentlich sagen? Will ich meinen Willen durchsetzen, oder möchte ich wirklich erfahren, warum mein Kind sich weigert, etwas auszuführen. Weil ich denke, dass es für mein Kind gut ist, den Musikunterricht zu besuchen, setze ich die Teilnahme am Unterricht durch, obwohl es jedesmal Tränen und Streit gibt, wenn es üben muß. Bin ich bereit, dieses Thema wirklich anzugehen, mit den Augen meines Kindes zu sehen?

Hinter einer häufig gehörten Klage von Eltern: „Ich rede nur noch gegen Wände, mein Kind hört mir nicht zu," steht der Spiegel des Eigenverhaltens. Oft ist das Verhalten der Kinder wie ein Spiegel für uns selbst. Wer den Eindruck hat, daß sein Kind nicht mehr zuhört, könnte das als Signal nehmen und prüfen, wie aufmerksam er selbst zuhört, wenn sein Kind erzählt.

Durch häufige Gespräche, durch wirkliches Zuhören, fällt plötzlich der Unterschied auf, zwischen einer dominanten, fordernden Kommunikation und einer aufbauenden.

War es üblich, dass unterschiedliche Meinungen in der Familie weggeschrieen wurden, so ist es eine Bereicherung für alle Beteiligten, gelernt zu haben, ein vernünftiges Gespräch zu führen. Diese Veränderung macht sich auch im alltäglichen Miteinander bemerkbar.

„Bevor wir mit den Familienkonferenzen begonnen haben, mußte ich, um mir Gehör zu verschaffen, schreien, sonst wäre mein Kind überhaupt nicht auf meine Einwände eingegangen."

Ein Kind sollte das Gefühl von zusätzlicher Wichtigkeit dadurch erhalten, dass Sie ihm während einer Lösungssuche echte Aufmerksamkeit schenken, also mit Geduld zuhören. Schauen Sie Ihr Kind an, wenn Sie mit ihm reden, zeigen Sie ihm durch die Körperhaltung: Ich bin dir und nicht schon mit der einen Hälfte meines Körpers einem anderen Familienmitglied zugewandt. Lächeln Sie Ihr Kind an, geben Sie positive Gefühle durch Ihren Gesichtsausdruck. Ein Lächeln kann mehr bewirken als viele Worte.

Durch solche Zusammenkünfte wird Eltern schnell klar, wie positiv sich echte Zuwendung auf ihr Verhältnis zum Kind auswirkt, vielleicht erkennen sie dadurch, dass Kinder nicht nur bei Familienzusammenkünften Zuwendung erhalten sollten.

Häufig höre ich in Gesprächen mit Eltern. „Ich beschäftige mich fast den ganzen Tag mit meinem Kind und möchte auch mal zehn Minuten in Ruhe telefonieren." Nach längerem Hinterfragen entwickelt sich daraus, dass das Kind selten ganze Zuwendung bekommt, dass die Freundin in einem Telefonat mehr Nähe erfährt, als das Kind. Kochen und Tischdecken, kurz lobend auf das gemalte Bild schauen, gibt nicht das Gefühl von Wichtigkeit. Hört ein Kind häufig die Sätze: „Erzähl mal schnell, ich hab noch etwas wichtiges zu erledigen, bekommt es das Gefühl: „So wichtig bin ich nicht." Erfährt es, dass seinen Erzählungen nicht wirklich gefolgt wird, kann es nicht das Gefühl von Wichtigkeit erfahren.

Katja erzählte ihrer Mutter auf dem Nachhauseweg eine wichtige Begebenheit und wurde wenig später von ihr gefragt: „ Gab es denn etwas Besonderes im Kindergarten?"

Sicherlich geht manches mal im Alltagsgeschehen die ein oder andere Zuwendung verloren, aber machen Sie sich dies deutlich und zwingen Sie sich, sich Zeit füreinander zu nehmen.

Halten Sie Körperkontakt zu Ihrem Kind, indem sie es so oft es geht berühren. Dazu können Massagespiele eingesetzt werden: Mein Rücken ist ein Teig, er wird geknetet, geklopft und vorsichtig geschlagen und anschließend mit beiden Händen geformt. Hierbei werden unterschiedliche Rückenpartien gedrückt und geklopft. Diese spielerische Massageübung, ist eine Möglichkeit von vielen , Kontaktaufnahme zu Kindern zu suchen.

Gerade kleinere Kinder brauchen so oft es geht Körperkontakt. Das kann als äußerer Rahmen in der Unterhaltung geschehen, was sich sicherlich unterstützend auf das Gespräch auswirkt: Wenn ich mir Zeit zum Zuhören nehme, setze ich mich zu meinem Kind, berühre es oder nehme es auf den Schoß.

Einige Minuten sind unter diesen Umständen für beide Seiten wertvoller als eine halbe Stunde eines Gesprächs nebenbei.

Genaues Zuhören bei brisanten Themen

In einer Familienkonferenz sollte ein Kind auch die Chance bekommen, sich beispielsweise über die Unlust seines Musikunterrichts zu äußern. Es sollte ihm ermöglicht werden, darüber zu sprechen, dass es statt Tennis zu spielen, lieber in den Fußballverein gehen möchte.

Natürlich haben wir als Eltern aus unserer Sicht gute Vorsätze für unsere Kinder. Aber allzu schnell vergessen wir hierbei unser wirkliches Anliegen. Ist uns nicht eher an unserem eigenen Erfolgsgefühl gelegen, wenn unser Sohn ein schönes Klavierstück vorführen kann, ihm die Teilnahme am Unterricht aber sehr schwer fällt. „Wenn wir als Eltern im Tennisclub sind, kann unsere Tochter doch auch davon profitieren, auch wenn sie jetzt noch keine Lust zum Tennisspielen hat, die wird noch kommen." Das sind unsere Argumente, die nicht verhindern dürfen, dass wir die Argumente unserer Kinder ernst nehmen.

Zu einer Familienkonferenz gehört die grundsätzliche Einstellung, ich will dich verstehen, dazu bin ich bereit, meine Einstellung zu überdenken.

Verzichten Sie darauf, beleidigt oder gereizt zu reagieren, wenn eine Entscheidung durchgesetzt wurde, die sich gegen Ihre richtet. „Gut, dann hast du ja jetzt erreicht, was du wolltest, mach deine Hausaufgaben eben am Abend, du wirst schon sehen, was du davon hast."

Gelassen zu reagieren, fällt Eltern besonders schwer, wenn es sich um Schulabläufe handelt.

Familienkonferenz mit zwei Personen

Immer häufiger gibt es die Kleinfamilie, in der die Mutter oder der Vater als Alleinstehende mit einem Kind zusammenleben.

Natürlich kann auch hier eine Familienkonferenz abgehalten werden. Wichtig ist, dass ich meine Einstellung über festgefahrene Regeln bereit bin zu überdenken, vielleicht suche ich ein Gespräch mit einer Freundin, mit einer anderen Mutter, einem anderen Vater.

Warum sollte es nicht auch möglich sein, sich mit einer anderen Kleinfamilie zusammenzusetzen, um mit verschiedenen Eindrücken, eigene Festlegungen zu überdenken.

Blockaden in der Lösungssuche durch Festhalten alter Verhaltensmuster

Annas Mutter muß morgens pünktlich auf der Arbeit sein und Anna vorher in den Kindergarten bringen. Jeden Morgen kommen sie verspätet dort an. Annas Mutter ist dies leid und versucht über eine Übereinkunft die Situation zu verändern. Hierbei hält sie allerdings an alten Tatsachen fest und blockiert neues Verhalten.

Am Abendbrottisch bringt sie das Thema an, um mit Anna eine Lösung zu finden, was allerdings zur Blockade führt.

„Anna, ich möchte nicht, daß du vor dem Kindergarten dein Puzzle legst, wir kommen jeden Morgen zu spät."

Argumente, wie: „Aber das macht so viel Spaß, morgens zu puzzeln. Ich kann mich doch schneller waschen oder ich beeile mich beim Anziehen und kann erst danach puzzeln," werden von der Mutter überhört.

„Ich kenne dich Anna, ich kann dir jetzt schon sagen, dass das so nicht klappt, aber ich bin bereit, dich abends etwas länger aufbleiben zu lassen, damit du noch puzzeln kannst."

Auf die Einwände ihrer Tochter, dass sie das aber lieber vor dem Kindergarten machen möchte, geht sie nicht ein. Vielleicht wirkt diese Beschäftigung wie ein Ritual auf Anna. Es beruhigt sie, danach kann sie ruhig in die unruhige Kindergruppe gehen.

Annas Mutter möchte einen scheinbaren Kompromiss eingehen, ist aber nicht bereit, auf den Vorschlag ihrer Tochter einzugehen. Das Gespräch wird abends durch eine Kindersendung unterbrochen und erst am nächsten Morgen mit der Bemerkung nach dem Frühstück fortgeführt: „Wir haben besprochen, dass du vor dem Kindergarten nicht mehr puzzelst."

Annas Mutter setzt ihren Willen voran, ohne sich die Mühe gemacht zu haben, ihrem Kind genau zuzuhören. Anna war bereit, Kompromisse einzugehen. Sie weiß, dass sie morgens trödelt und wollte zumindest versuchen, dies zu ändern. Annas Mutter geht von alten Voraussetzungen aus, indem sie erklärt, dass es bis jetzt nicht geklappt hat und deshalb auch in Zukunft nicht funktionieren wird.

Um eine Familienkonferenz richtig zu führen, was beinhaltet, dass jeder angehört und angenommen wird, gehören folgende Punkte:

1. Ein Problem wird angesprochen, dabei wird es deutlich definiert (auch wenn sehr kleine Kinder mitbeteiligt sind, bringt eine genaue Definition dem Erwachsenen Klarheit).

2. Jeder darf seine Meinung dazu mit einbringen.

3. Keiner wird hierbei unterbrochen, auch nicht durch negative Gesichtsausdrücke.

4. Das Problem steht als Überschrift, Vorschläge zu Veränderungen werden gemeinsam verarbeitet.

5. Die Möglichkeit der Konsequenzen kann, aber muß nicht immer miteinbezogen werden.

Im obigen Beispiel könnte das so aussehen. Annas Mutter definiert die Suche nach einer Lösung. Dann werden Kompromisse vereinbart.

1. Wir müssen morgens 10 Minuten früher die Wohnung verlassen. Diese klare Zeitansprache hilft Annas Mutter zu überlegen, dass diese Zeitspanne überschaubar ist.

2. Anna glaubt, dass sie sich beeilen kann beim Anziehen.
   Annas Mutter glaubt, das Problem dadurch zu lösen, dass sie das Puzzeln verbietet.

3. Annas Mutter achtet darauf, dass sie keinen negativen Seufzer oder ähnliches von sich gibt, der Anna zeigen soll: „Anna, das glaub ich dir nie und nimmer."

4. Als Überschrift, hält Annas Mutter fest, steht: Wir müssen das Haus 10 Minuten früher verlassen.
   Anna bekommt die Möglichkeit ein bisschen früher aufzustehen, sich zügig fertig zu machen. Wenn sie das geschafft hat, darf sie noch ihr Puzzle legen.

5. In diesem Beispiel entscheidet sich Annas Mutter dafür, die Konsequenz gleich mitzubenennen.
   „Wenn das nicht gelingt, darfst du am nächsten Morgen nicht puzzeln."

Bestimmen Sie in einer Familienkonferenz nicht alleine den Weg zur Grenze, das sollte von Ihrem Kind, je nach Alter, mitbestimmt werden dürfen, damit es eine positive, starke Persönlichkeitsentwicklung erfahren kann.

Hier liegt der Unterschied zu einer diktierenden Erziehung. Ein Kind hat das Recht mitzubestimmen. Es darf mitentscheiden, wie es sich an die Verabredung hält.

Eine häufige Blockade, wenn das Thema Aggressionen unter Geschwistern besprochen wird

Olaf ist wegen Bettnässens in therapeutischer Behandlung. In den Gesprächen fällt immer wieder auf, wie wütend er auf seine Mutter ist, da sie bei jeder Kleinigkeit zu seinem Bruder hält. Ich ließ mir Situationen von ihm schildern. „Wenn Klaus mich provoziert, indem er blöde Grimassen schneidet, muß ich ihn einfach verprügeln. Meine Mutter sieht natürlich nur das Unrecht, dass ihrem Klaus angetan wurde, ohne sich Gedanken zu machen, das er mich vorher provoziert hat."

Es hätte zuerst einmal wenig Sinn, Olaf zu erklären, dass er doch weg schauen kann, wenn sein Bruder ihn provoziert. Es hat deshalb noch keinen Sinn, weil Olafs Wut nicht nur aufkommt, weil er von Klaus geärgert wird, er ärgert sich vielmehr darüber, dass seine Mutter sich auf die Seite des Bruders stellt.

Zu einem gesunden Geschwisterverhältnis gehört das Streiten. Teilen und Streiten lernen bringt soziales Verständnis für ein Miteinander. Sind Eltern aber gar zu gerne und zu schnell bereit, wie sie glauben schlichtend einzugreifen, wird aus einer gesunden Geschwisterrivalität ein Familienkampf.

Das Thema Geschwisterstreit gehört zu den stärksten Blockaden in Familienkonferenzen, deshalb werde ich hierauf ausführlich eingehen.

Die Eltern von Olaf, 11 Jahre alt und seinem Bruder Klaus, 8 Jahre alt, sprechen in einer Familienkonferenz das Thema Geschwisterstreit an:

Die Eltern beginnen das Gespräch: „Wir sind die ständigen Streitigkeiten zwischen euch leid. Von morgens bis abends müssen wir eure Streitereien ertragen.

Olafs Ausführungen hierzu werden von den Eltern mit negativen Gesichtsausdrücken dokumentiert.

„Ihr haltet immer nur zu Klaus, ihr habt für Klaus viel mehr Verständnis als für mich. Wenn er mich ärgert, sagt ihr nichts, mit mir schimpft ihr sofort."

Auf diesen Vorwurf gehen Olafs Eltern von ihren Beobachtungen aus und unterbrechen diese Unterhaltung wiederum durch Vorwürfe und Beispiele.

„Du kannst doch weggucken, statt zuzuschlagen, wenn Klaus dir Grimassen zeigt."

Sie verkennen, dass hinter diesem Verhalten die viel stärker ins Gewicht schlagende Geschwisterrivalität steht, die zuerst einmal aufgehoben werden muß.

Die Situation in dieser Familie ist durch das häufige Einschreiten der Mutter schon festgefahren. Sie hat den drei Jahre jüngeren Klaus oftmals verteidigt oder sein Verhalten erklärt, natürlich gab sie auch Olaf das ein oder andere Mal recht, aber dadurch, dass er älter ist und auch schon mal zuschlägt, fiel es ihr schwer, tatsächlich gerecht zu bleiben.

Hat sich so ein Opfer – Angreifer – Geschwisterverhältnis entwickelt, gehört ein ständiger Geschwisterkampf mit zum Familienalltag.

Um das Verhältnis der beiden Kinder untereinander zu regeln, mußten Olafs Eltern lernen, keine Partei zu ergreifen und somit beiden Kindern das Gefühl zu nehmen, sie müssten um ihren Rang kämpfen.

Es war wichtig einen Verhaltensplan zu erstellen, in dem nicht nur Worte, sondern alle Gesten, Gesichtsausdrücke oder tiefes Durchatmen genau von ihnen beobachtet und aufgeschrieben wurde. Dahingehend festgehalten wurde, wie sie und ihr Mann dazu beitrugen, dass beide Kinder in den festgefahrenen Rollen blieben.

Sie beobachteten ihre eigenen Verhaltensweisen und führten Buch darüber.

Olafs Mutter trug täglich in eine Liste ein, wie häufig sie in die Streitigkeiten ihrer Kinder eingriff.

Sie fand für ihren jüngeren Sohn schnell Erklärungen und sah in Olaf entweder den „Streitbeginner" oder den zu heftig Streitenden. Es war ein Problem für sie, zu erkennen, dass Olaf mit seinen 11 Jahren natürlich fester zuhauen konnte als ein achtjähriger; aber trotzdem provozierte der Kleinere, er zettelte den Streit an, er wehrte sich auch, er schlug und trat nach Olaf, er zeigte in keiner Weise Angst. Aber zu dieser Erkenntnis kamen die Eltern erst, als sie das von Olaf Gesagte in der Familienkonferenz angenommen hatten und dies über die Selbstbeobachtung wahrnehmen konnten.

Verhaltensänderung

Olafs Mutter musste darauf achten, dass sie aus Mitgefühl heraus, nicht doch einen strengen Blick auf Olaf warf, wenn ihr jüngerer Sohn weinend in ihren Armen lag. Sie durfte Klaus trösten aber ihn nicht verteidigen. Hierbei half ihr aktives Zuhören. „Du bist ärgerlich, dass ihr euch wieder gestritten, und geschlagen habt." „Olaf hat mir auf den Arm geboxt." „Komm, ich hole einen kühlenden Waschlappen."

 Unter den Tageseintragungen war festgehalten worden, um welchen Tag es sich handelte, welche Einstellung Olafs Mutter zu dem Streit hatte, für wen sie innerlich Partei ergriff.
Anhand dieser Aufzeichnung stellte sie fest, dass sie fast ausschließlich für ihren jüngeren Sohn Entschuldigungen für Provokationen fand, was ihr im Gegenzug bei Olaf kaum gelang. Diese Liste führte sie eine Woche, bis sie ein besseres Bild über ihr Verhalten bekam.

Eingreifen

In der zweiten Woche sollte Olafs Mutter nur dann in die Streitigkeiten eingreifen, wenn sich die beiden schlugen. Bei körperlichen Auseinandersetzungen war darauf zu achten, dass sie die beiden auseinanderbrachte. Natürlich konnte sie Klaus, wenn er weinte, trösten, aber auch Olaf sollte sie Trost entgegenbringen, indem sie beispielsweise sagte, dass sie glaube, dass es für ihn auch nicht schön sei, sich so zu streiten.
Schließlich sind die wenigsten Kinder glücklich, wenn sie streiten. Das mußte ihr zuerst einmal klar werden. Olaf litt genau so unter den Streitigkeiten wie sein Bruder, nicht zuletzt deshalb, weil er dadurch immer wieder das Gefühl bekam, dass seine Mutter Klaus viel lieber hatte, als ihn.
Die Mutter hatte für beide die Rollen festgelegt, Klaus bekam die Rolle des Kleineren, Schwächeren, des Opfers, Olaf bekam die des Starken, des Angreifers.
Die Rollen mußten jetzt aufgehoben werden.
Auch ein jüngeres Geschwisterkind muß erkennen, dass es Verantwortung hat, wenn es provoziert, dass es gar nicht so schwach ist, wie es die Eltern oft von ihm denken.

Das jüngere Kind hatte schnell gelernt, wie es seine Mutter auf seine Seite bekam.

Katrin, die in einer Therapiestunde erzählte: „Wenn ich sauer auf Tim bin, weil er länger fernsehen darf, gehe ich ins Wohnzimmer, schneide ihm Grimassen, beschimpfe ihn und laufe schnell wieder ins Bett. Wenn Mama kommt tue ich so, als würde ich schlafen. Mama glaubt dann, Tim wollte mir eins auswischen." Ich denke, dass es ähnliche Geschichten unter Geschwistern in Hülle und Fülle gibt.

Weshalb die Verhaltensänderung nicht funktionierte

Zwischendurch kam Olafs Mutter in die Beratung und berichtete, dass ihr Vorgehen keinerlei Veränderung bringe. Das machte mich stutzig und wir gingen den Beobachtungsplan und den Verhaltensänderungsplan durch. Auf Nachfrage stellten wir fest, dass Olafs Mutter doch noch häufig körperliche Streitigkeiten unterbrach, indem sie in einem Kommandoton befahl, dass beide in ihre Zimmer gehen sollten. Sie wollten erklären, was vorgefallen war, doch ihre Mutter, die sich vorgenommen hatte parteilos zu bleiben, wiederholte die Aufforderung, das Zimmer zu verlassen. Olaf, der gewohnt war, dass nach körperlichen Auseinandersetzungen die Mutter in einem scharfen Kommandoton bestrafte, konnte jetzt nicht erkennen, dass ihm die Schuld nicht zugeschrieben wurde. Denn er sollte ohne Rechtfertigung das Zimmer verlassen. Als seine Mutter sich auf die Erklärungen einließ, einfach nur zuhörte, ohne einzugreifen, verbesserte sich die Situation.

Olafs Mutter schrieb sich in der vierten Woche in den Verhaltensplan: Ich erkenne nun auch Klaus` Stärke und Olafs Schwäche.

In einem Gespräch erzählte sie: „Ich konnte plötzlich Hilflosigkeit in Olafs Augen sehen, wenn Klaus nicht aufhörte zu provozieren und ich wußte, wenn Klaus Olaf weiter ärgert, weiß er sich einfach nicht mehr zu wehren und wird handgreiflich werden. Klaus hat jetzt die Entscheidung in der Hand. Früher nahm ich das sicher auch wahr, aber ich nahm Klaus die Entscheidung ab, Olaf erkannte darin, dass ich, wie er sagt, meinen Klaus schützen wollte." Ich mußte lernen, dass Klaus von Olaf die Chance erhielt aufzuhören."

So gelang es ihr mit echter Anteilnahme nach einem Streit, den Kleineren zu trösten, weil dieser immer noch in Mamas Arme lief, aber auch Olaf Ansprache entgegenzubringen: „Ihr habt euch übereinander geärgert, es ist das Beste, wenn jeder von euch eine zeitlang in sein Zimmer geht, um sich zu beruhigen. Danach könnt ihr wieder miteinander reden und überlegen, wie ihr eine Lösung findet.

Schon nach ein paar Wochen hatte sich das Familienklima so weit entspannt, dass die Streitigkeiten an Gewichtung verloren hatten. Merkte Olafs Mutter, dass sie in alte Verhaltensmuster verfallen wollte, indem sie Wut gegen ihren Älteren aufkommen spürte, sprach sie den Streit mit den Worten an: „Entweder einigt ihr euch jetzt oder ihr geht beide raus."

Ein normales Maß an Streitigkeiten

Was ist ein normales Maß an Streitigkeiten? Diese Frage wird von Eltern häufig gestellt. Ein normales Maß ist daran zu erkennen, dass das Familienklima nicht unter den ständigen Streitigkeiten leidet. Kommen schon ungute Spannungssituationen auf, wenn die Geschwister aufeinander treten, kann dies ein Zeichen dafür sein, dass Eltern sich nicht parteilos aus dem Streit heraus halten.

Heraushalten ist sicherlich nicht immer einfach. Jedoch ist der erste Schritt zum friedlichen Miteinander der, dass Eltern, werden sie mit in den Streit hineingezogen, entweder jedem der streitenden Kindern Trost spenden oder keinem.

Es gibt eine Reihe von Möglichkeiten, mit Streitthemen umzugehen

Planen Sie ein Zusammentreffen der Familie, wenn ein Streitthema zwischen den Kindern im Laufe des Tages wieder einmal Überhand genommen hat.

Hierzu werden feste Regeln eingehalten:

1. Nur ein Thema, um das sich im Laufe des Tages gestritten wurde, wird Besprochen.

2. Jeder darf aussprechen.

3. Die Gedanken und Gefühle der Kinder werden von den Erwachsenen

aufgeschrieben.

4. Diese werden vorgelesen, wenn alle Kinder fertig sind mit ihren Ausführungen.

5. Jedes Kind darf Stellung zu den Vorwürfen nehmen, ohne Elternkommentare.

6. Es werden Lösungen gesucht, bei denen die Erwachsenen jetzt Vorschläge mit einbringen können. Diese Lösungen werden schriftlich festgehalten.

Phil hat Angst, wenn er mit Benedikt alleine ist. Er sagt, dass Benedikt ihn herumkommandiert, schlägt und einfach in sein Zimmer kommt, wenn er zu laut ist. Wenn er dann nicht aufhört, mit seinem Freund zu toben, zerstört Benedikt ihm aus Wut ein Spielzeug.

Benedikt sagt, er wäre nur deshalb in Phils Zimmer gekommen, weil Phil und sein Freund immer wieder an seine Tür geklopft haben und weggerannt sind, dann haben sie laut in Phils Zimmer gelacht. Das habe ihn geärgert, denn er wollte lesen.

Phil: „Wir wollten dich gar nicht ärgern. Wir wollten dich nur etwas fragen. Dann drehst du sofort durch. Du hast mich angeschrieen und aus dem Zimmer geschubst, ich bin dabei sogar hingefallen."

Benedikt: „Ihr habt vorher schon die ganze Zeit genervt. Ich habe oft genug gesagt, ihr sollt mich in Ruhe lassen. Ich mußte für die Schule lesen. Was soll ich denn machen, wenn du nicht auf mich hörst ?
Du hörst nur auf, wenn ich dich schlage oder so wütend werde, dass ich deine Sachen auf den Boden knalle.

Bei der nun folgenden Lösungssuche sollten keine Gegenkommentare abgegeben werden wie:
Benedikt: „Phil soll aufhören mich zu nerven, wenn ich ihm das sage."
Phil: „ Ich nerve doch gar nicht."
Bei der Lösungssuche werden nur Lösungswünsche gesucht.

Benedikt: „ Als Lösung wünsche ich mir, dass Phil aufhört zu nerven, wenn ich ihm das sage."

Phil: „Ich möchte so viel toben dürfen, wie ich will."
Vater: „Ich bitte eure Cousine hier zu sein, wenn ihr alleine seid."
Phil: „Ich gehe an Tagen, an denen Mama nicht zu Hause ist, zu meinem Freund."
Benedikt: „Jeder bleibt in seinem Zimmer."
Mutter: „Es darf euch, wenn ihr alleine seid, kein Freund besuchen."

Nach diesen Ausführungen werden die Lösungen aufgeschrieben, die für alle annehmbar sind.
Mit Ärgern aufhören, wenn dies gesagt wird.
Jeder darf im eigenen Zimmer toben.
Phil geht auch hin und wieder zu seinem Freund, wenn seine Mutter nicht zu Hause ist.
„Wir werden uns nach dem nächsten Nachmittag, an dem ihr alleine gewesen seid, abends zusammensetzen und schauen, ob unser Plan funktioniert hat."

Lassen Sie sich nicht als Richter einspannen

Geschwister sind immer auf der Suche, Recht der eigenen Person und Unrecht der anderen klarzustellen.
Sie können zuhören und auf das Gesagte eingehen, aber lassen Sie sich nicht in Zwistigkeiten hineinziehen.
Helena und Veronica sind Geschwister.
Helena: „Kann ich mit deiner Puppenstube spielen?"
Veronica: „Nein."
Helena: „Du spielst doch sowieso nicht mehr damit."
Veronica: „Vielleicht will ich aber gleich doch damit spielen."
Helena: „Leih sie mir doch nur heute nachmittag."
Veronica: „Ich habe nein gesagt, geh jetzt aus meinem Zimmer."
Helenas und Veronicas Mutter kommt ins Zimmer und „klärt" die Situation.

Die Möglichkeiten zu reagieren

Die erste Möglichkeit könnte so aussehen: Mutter: „Die Puppenstube gehört Veronica. Und wenn sie nicht möchte, dass du damit spielst, mußt du das akzeptieren."
Helena: „Aber ich gebe sie ihr doch heute Abend zurück."
Mutter: „Jetzt ist Schluß damit, Veronica möchte sie dir nicht geben."

Hier hatte Helena das Gefühl, die Verliererin zu sein.

Die Reaktion der Mutter hätte auch so aussehen können:

Mutter: „Veronica, du spielst doch gar nicht mehr mit deiner Puppenstube. Dann kannst du sie doch deiner Schwester ein paar Stunden ausleihen. Jetzt benimm dich nicht kleinkariert und leih deiner Schwester die Puppenstube."

Hier hätte Veronica das Gefühl, die Verlierein zu sein.

Diese Beispiele stehen für viele andere. Gleichgültig, was Eltern sagen, um zu schlichten, es wird immer einen Gewinner und einen Verlierer geben. Und gerade unter Geschwistern führt das zu Rivalitätsstreitigkeiten.

Eine andere Möglichkeit könnte folgendermaßen aussehen:
Die Mutter wiederholt unparteiisch das von ihrem Kind gesagte, mit anderen Worten, sie fügt hierzu noch in ihre Sätze Stimmungen zu, wie das, was sie hört, auf sie wirkt.

Mutter: „Ihr ärgert euch aber übereinander."
Helena: „Veronica will mir ihre Puppenstube nicht ausleihen, obwohl sie nicht mehr damit spielt."
Mutter: „Du möchtest gerne mit der Puppenstube spielen."
Veronica: „Ich möchte sie aber nicht ausleihen."
Mutter: „Du hängst noch sehr daran, obwohl du nicht mehr mit ihr spielst. Es ist dein Spielzeug und deine Entscheidung."
Ihr beide solltet den Streit untereinander ausmachen."
Helena: „Wenn du sie mir ausleihst, gebe ich dir dafür meinen Disk-Man."
Veronica: „Na gut, aber mach ja nichts kaputt."
Helena: „Nein, das verspreche ich dir."

Sind Eltern bereit, auf erzwingendes Teilen zu verzichten, sind Geschwister viel eher bereit, freiwillig zu geben. Mancher Geschwisterkonflikt wird deshalb ausgetragen, weil um die Gunst der Eltern gebuhlt wird.

Streiten muss sein, auch ohne Geschwister

Streitigkeiten sind oftmals zwar schmerzlich, aber von Nutzen.
Kinder müssen sich streiten, ob im Freundeskreis oder unter Geschwistern. Möchten Sie, dass sich der Streit der Geschwister im Rahmen hält, mischen Sie sich nur in Notsituationen ein. Es wird Ihnen unmöglich sein, herauszufinden, wer Recht hat, oder wer angefangen hat. Trösten Sie beide Geschwisterkinder oder keines, nur so schaffen Sie ein gutes Geschwisterklima.

Gerade kleine Kinder, die noch nicht über einen ausreichenden Wortschatz verfügen, schubsen und hauen schnell zu, unterbrechen Sie dies mit einer klaren Aussage: „Nein." Die Ermahnung sollte aber auf jeden Fall altersgerecht sein. Ein einjähriges Kind heftig auszuschimpfen, weil es sich die Schaufel eines anderen Kindes genommen hat und das Kind dabei geschubst hat, ist nicht altersgerecht. Schubsen gehört noch zu dem Miteinander in diesem Alter, es sollte zwar angesprochen werden, aber eine kurze feste Aussage reicht: „Nein, nicht schubsen, du kannst fragen." Ein einjähriges Kind arbeitet noch mit nonverbalen Mitteilungen.

Greifen Sie nach Möglichkeit nicht ein, wenn es sich um eine normale Streitigkeit handelt. Ein normaler Streit ist daran zu erkennen, dass ein Kind sich zwar für den Moment überrumpelt fühlt, aber es dennoch so wirkt, dass es der Situation gewachsen ist.
Es handelt sich beispielsweise um einen normalen Streit, wenn ein Kind in der Lage ist, sich eine entwendete Schaufel wiederzuholen. Dies hat es verschiedentlich gezeigt. Verzichtet ein Kind grundsätzlich darauf, sich etwas wiederzuholen, können Sie es, bekommt es die Schaufel weggenommen, unterstützen, indem Sie fragen:
„Möchtest du die Schaufel hergeben?" Äußert ein Kind den Wunsch, das Spielzeug zurückzubekommen, fordern Sie es auf, es sich zu holen. Bei einer verneinten Antwort bieten Sie ihm Unterstützung an, indem Sie sich mit ihm an das andere Kind mit dem Satz wenden: „Kay möchte seine

Schaufel wiederhaben, du kannst sie aber sicher später von ihm bekommen, wenn du fragst."

Achten Sie aber darauf, dass Sie wirklich nur dann eingreifen, wenn ein Kind unglücklich über einen Streit ist und selbst auf Aufforderung den Streit alleine zu lösen, nicht in der Lage ist, dies zu meistern. Eltern und Erzieher müssen es dann bei der Schlichtung aber auf jeden Fall miteinbeziehen. Es sollte eine Unterstützung von Seiten der Eltern oder Erzieher erfolgen, die so aufgebaut ist, dass ein Kind schon bald alleine mit seinen Konflikten fertig werden kann.

Natürlich sollte einem Kind gezeigt werden, dass schubsendes und schlagendes Verhalten unerwünscht ist. Manchmal jedoch macht es die Erfahrung über ein anderes Kind viel schneller, als durch unsere Ermahnungen. Die zweijährige Laura bekam die durch Schlagen errungene Schaufel von ihrer Freundin wieder abgenommen. Sie bekam sie erst, nachdem sie fragte.

Wer Kinder im Sandkasten beobachtet, wird feststellen, wie prompt sich das Kind, dem die Schaufel abgenommen wurde, diese wiederholt und wie gerne es diese wieder hergibt, wenn es durch ein fragendes „Ja?" und einen freundlichen Augenaufschlag des anderen Kindes gebeten wird zu teilen.

Eine bessere Erziehungsmethode können Eltern ihren Kindern nicht bieten.

Eltern mischen sich manchmal aus Verlegenheit schnell in die Auseinandersetzung ein. Kinder erziehen sich auch untereinander und wenn sie das ein oder andere mal mit dem Satz: „Die beiden regeln das unter sich," sich nicht einmischen, macht ihr Kind viel schneller die Erfahrung, dass Nachfragen besser ist als Wegnehmen.

Welche Streithandlungen sind noch zu tolerieren, wann ist es sinnvoll einzugreifen?

Die meisten Auseinandersetzungen verlaufen nach den Strategien:
- Wie du mir, so ich dir.
- Die Bereitschaft bei einem Angriff sofort zu reagieren, aber mit gebremst körperlichem Einsatz.
- Eine geringe Neigung, Aggressionen zu beginnen.
- Eine hohe Bereitschaft, schnell auf Nicht-Aggressionen, ja sogar Kooperation, also gemeinsames Weiterspiel umzuschalten, falls

der „Gegner" sich ebenso verhält oder eindeutige Zeichen in Richtung Versöhnung gibt.

Sind diese Strategien nicht mehr zu erkennen oder geht es in den Auseinandersetzungen eher darum, Frust abzubauen, sinnlos Spiele zu zerstören, sollte eingegriffen werden. Hier handelt es sich nicht mehr um eine normale Streithandlung.

Auf jeden Fall sollten Eltern oder Erzieher so einschreiten, dass sie Kontakt mit dem störenden Kind aufnehmen, das heißt, sie sollten darauf achten, dass es überhaupt zuhört, aufnimmt, was ihm gesagt wird.

„Frank, du trittst jetzt das dritte Mal gegen die Sandburg, geh bitte dort drüben spielen, damit du die beiden nicht störst." Sollte Frank nicht das eigene Kind sein und Sie es nicht schaffen, Einhalt zu gebieten, sollten seine Eltern auf jeden Fall mit einbezogen werden.

Solch einem Verhalten muß Einhalt geboten werden, ein Kind, das sich über das Wehren anderer Kinder hinwegsetzt, ist „kampfbereit" und überfordert sein Gegenüber.

Jedes Kind hat bei Überforderung das Recht, unterstützt zu werden. Eine Überforderung liegt dann vor, wenn ein störendes Kind nicht auf die Worte und Drohungen des anderen reagiert und das sich gestört fühlende Kind sich nicht mehr zu wehren weiß.

Kleinere Auseinandersetzungen klären sich von selbst recht schnell. Ein Eingreifen von außen ist nicht nur unnötig, es zerstört vielleicht den Spielfluß. Und gerade unter Geschwistern sollten sie darauf achten, sich nicht in Kleinigkeiten einzumischen. Die Mama hält ja viel mehr zu dir, schwingt beim nächsten Schlag mit.

Ungerechtigkeiten behält sich ein Geschwisterkind und wird es dem anderen bei Gelegenheit zurückgeben. Greifen Sie nur dann ein, wenn erkennbar ist, dass ein Kind mit der Situation überfordert ist.

Wenn Schlagen von den Eltern vorgelebt wird

Hinter aggressiv schlagenden Kindern werden gerne schlagende Eltern vermutet.

So einfach ist dieser Zusammenhang nicht. Sicherlich sollten Eltern, deren Kinder sich so verhalten, sich dahingehend beobachten, ob sie selber schnell schlagen, statt zu reden. Immer mehr Eltern verzichten auf Schlagen als systematische Erziehungsmethode. Und trotz allem gilt für einige Eltern, dass Schlagen bei Kleinkindern keinen Schaden ausrichtet.

Hierzu erklärte ein Vater in der Erziehungsberatung über seine sieben Monate alte Tochter: „Katrin macht es nichts, dass ich ihr auf die Hände schlage, wenn sie an Dinge geht, die sie nicht haben darf. Ich habe doch bei einem Kleinkind auch keine andere Möglichkeit, es kann doch viele Erklärungen noch gar nicht verstehen."

Auch ohne dass die Worte von Kleinkindern verstanden werden, können Eltern ihren Kindern den Zusammenhang zwischen einem Nein und der Konsequenz, nämlich das Wegstellen der Sache oder das Wegtragen des Kindes beibringen.

Manche Eltern berichten heute noch, dass es ihnen nichts geschadet hat, als Kind geschlagen worden zu sein. Erwachsene, die diesen Grundsatz vertreten, erinnern sich vielleicht sogar mit Stolz noch an den körperlichen Schmerz, aber selten an die demütigenden Stunden danach. Wer als Kind häufig geschlagen wurde, zeigt als Erwachsener die Spuren der Schläge in seiner Verhaltensweise. Charakterzüge wie Angst, eine schnelle Bereitschaft seine Meinung zurückzuziehen oder überzogene Arroganz mit Unnahbarkeit sind häufig darauf zurückzuführen.

Unter einer Cartoonzeichnung eines prügelnden Vaters stand: „Ich will dich lehren, jemanden zu schlagen, der kleiner ist als du."

Manchmal geschieht es doch, dass Eltern zuschlagen. Geschieht dies aus einer Schrecksituation heraus, das Kind hockt bei offenem Fenster auf der Fensterbank oder läuft über eine verkehrsreiche Straße, wird es den Unterschied zwischen ganz bewußt eingesetzter Prügelstrafe oder einer Schreckreaktion erkennen. Aber auch hier sollten Erwachsene mit einer Entschuldigung auf ihr Kind zugehen. „Jonas, es tut mir leid, dass ich dir weh getan habe, aber ich habe mich so erschrocken. Du weißt, dass du auf gar keinen Fall auf die Straße laufen darfst."

Es ist wichtig, unseren Kindern den Umgang mit Schlägen beizubringen.
Unser Ziel sollte es sein, das Verhalten der Kinder, die Gewalt noch nicht als funktionierendes Kommunikationsmittel für sich entdeckt haben, anzuerkennen, und sie darin zu bestärken.

Kinder und Jugendliche, die schnelle Bereitschaft zeigen zuzuschlagen, brauchen unsere Hilfe. Wir sollten sie auf das unerwünschte Verhalten ansprechen, mit einer klaren Verneinung der Tat, also dieses Verhalten ganz klar unterbinden. Gespräche über Verhaltensalternativen sollten nach so einem Vorfall auf jeden Fall stattfinden. Schlagende Kinder brauchen Unterstützung, um Auseinandersetzungen, denen sie im Alltag begegnen, vernünftig angehen zu können.

Schlagende Kinder sind hilflose Kinder, auch wenn sie nicht so wirken; sie brauchen Unterstützung. Das schlagende Kind braucht einerseits ein klares Nein zum Schlagen, andererseits die Möglichkeit zur Annahme seiner Wut: „Du hast dich geärgert, das war sicherlich nicht schön für dich." Es braucht Anleitung und Unterstützung, wie es mit dieser Wut fertig werden kann, ohne gleich zuzuschlagen. „Das nächste Mal, wenn du so wütend bist, schlag auf dein Kissen oder wirf deine Wutpuppe gegen die Wand. Du tust damit niemandem weh, wirst deine Wut los und bekommst dann keine Schimpfe, weil du jemanden geschlagen hast. Probier es das nächste Mal aus."

Sind kleine Kinder trotzig, reagieren sie meist mit lautem Weinen und Schreien, um zu demonstrieren, dass sie nicht das wollen, was ihre Eltern wollen. Es kann vorkommen, dass ein kleines Kind vor Wut seine Eltern und Erzieher beschimpft oder mit Fäusten und Tritten auf sein Gegenüber losgeht.
Dies ist natürlich nicht zu tolerieren. Ein Kind, das nicht geschlagen wird, darf seine Wut nicht so äußern dürfen, dass es seine Eltern oder seine Erzieher schlägt. Dies muß auf jeden Fall unterbunden werden, aber nicht mit Schlägen.
Vielleicht ist Ihnen folgender Vorgang bekannt:
Ein dreijähriges Kind wird auf dem Spielplatz aufgefordert, sein Spiel zu beenden, um nach Hause zu gehen. Die Mutter spricht mit ihm, bringt vernünftige Erklärungen. Ihr Kind will noch nicht nach Hause gehen. Die Mutter packt sich das schreiende, auf dem Boden liegende Kind, um es nach Hause zu tragen. Es wehrt sich mit aller Macht dagegen, es beschimpft seine Mutter und schlägt nach ihr.
Einige Eltern, in so einer Situation berichten, dass sie das Verhalten des Kindes so wütend macht, dass sie ihr Kind zurückschlagen. Dadurch, dass ein Kind sich so aufführt, nimmt es den Eltern die Möglichkeit sich als verstehende, gute Mutter oder Vater zu fühlen. Viele Eltern fühlen sich in solchen Momenten hilflos und reagieren dementsprechend aggressiv.
Sicherlich ist es nicht in Ordnung, dass ein Kind seine Eltern schlägt, aber schlagen Eltern zurück, bringen sie ihm bei, dass auf Aggressionen mit Gegenaggressionen reagiert wird. Ein Teufelskreis, aus dem es meistens einen Verlierer und einen Gewinner gibt, wurde gesetzt.
Eltern und Erzieher sollten schlagenden Kindern auf jeden Fall Einhalt gebieten, hierzu darf ein Kind auch festgehalten werden. „Nein, du darfst mich nicht hauen, ich haue dich auch nicht."
Kinder erleben das Hier und Jetzt viel stärker als Erwachsene. Ein zweijähriges Kind verspürt nur die Wut über das entgangene Weiterspiel,

vielleicht weiß es sich noch nicht anders zu helfen, als zu Schreien und zu Toben, deshalb ist es wichtig, ihm den vernünftigen Umgang mit Wut beizubringen.

Kinder, die in ihrer Entwicklung eingeschränkt werden, die zu streng behandelt werden, reagieren aggressiv im Umgang mit Gleichaltrigen, wenn es sein muss auch mit ihrer Körperkraft. Auch Kinder, die Schläge als Erziehungsmittel kennen gelernt haben und zu wenig Möglichkeiten erhalten, ihre Wut zu zeigen, reagieren auffallend schnell wütend, sie schlagen schnell drauflos. Sie zeigen das gleiche Verhalten, dass sie am eigenen Körper erleben: In meiner Wut werde ich von Mama oder Papa besiegt, denn sie sind stärker. Was sollte ein Kind daran hindern zu schauen, wer schwächer ist als es selbst. Kinder brauchen Grenzen und Verständnis, allerdings keine Schläge. Um bei der nächsten Trotzaktion eines Kindes nicht auf Schläge zurückzugreifen, kann die Überlegung helfen, wie sich ein Kind in diesem Moment fühlt. Es weiß, es hat gegen die aufkommende Wut keine Chance. Da es abhängig von seinen Eltern ist, wird es sich ohnmächtig fühlen, wenn es geschlagen wird. Es wird bloßgestellt und verletzt. Sein Vertrauen wird schwinden und sein Selbstwertgefühl wird ihm genommen. „Rutscht einem Erwachsenen die Hand aus," sollte er sich dafür entschuldigen und zeigen, dass er im Unrecht war, gleichgültig, was vorgefallen war.

Damit auch ein kleines Kind bald aufhört so zornig zu reagieren, braucht es Unterstützung, seine Gefühle und Aktionen auseinanderzuhalten. Bestärken Sie Ihr Kind darin, dass es auch schlechte Gefühle haben darf, trotz allem darf es nicht unkontrolliert darauf reagieren. Das ist auch einem zweijährigen Kind schon zu vermitteln. „Nein, du darfst mich nicht schlagen, auch wenn du traurig bist, dass wir nach Hause gehen müssen." Dabei wird die schlagende Hand oder das tretende Bein festgehalten.

Inga, die wütend darauf reagiert, wenn ihr ein Puzzle nicht gelingt und deshalb die Tür laut auf- und zuschlägt, sollte in ihrem Handeln Einhalt geboten bekommen. „Inga, ich verstehe, dass du dich ärgerst, schlag auf dein Kissen, oder wirf deinen Schaumstoffball gegen die Wand, aber es geht nicht, dass du die Tür so fest zuschlägst." Ist Inga nicht bereit, damit aufzuhören, wird sie daran gehindert. „Dann schließe ich die Tür eben zu."

Ein Familienklima schaffen, das Frust auffangen kann

Viele Schwierigkeiten in der Familie gäbe es nicht, wenn Erwachsene den vernünftigen Umgang mit Ärger eingehen würden. Familien, in denen es ein ungeschriebenes Gesetz gibt, in dem folgende Regeln beachtet werden, führen ein Familienleben miteinander, in dem jeder genügend Raum zur Entfaltung bekommt.

1. Wir achten darauf, dass wir uns gegenseitig nicht niederschreien.

2. Wenn wir einen Fehler gemacht haben, sollten wir ihn eingestehen.

3. Wir versuchen kompromissbereit zu sein.

4. Wir nehmen uns Zeit für Versöhnung.

Durch so eine vertrauensvolle und offene Atmosphäre in der Familie bekommt jeder die Sicherheit, dass er seine Meinung sagen darf, ohne Ablehnung zu spüren.

Das Ergebnis der Erziehung hängt weitgehend von der Familienatmosphäre ab. Diese wird bestimmt von der Bereitschaft aller Beteiligten, sich an Verhaltensweisen zu halten. Jede Familie hat ihre eigenen Gewohnheiten, ihre eigenen Regeln. Für die eine Familie ist es undenkbar, ohne gemeinsames Frühstück aus dem Hause zu gehen, eine andere Familie legt hierauf gar keinen Wert. Thomas` Eltern legen viel Wert darauf, dass Thomas bitte und danke sagt, sie legen gar keinen Wert darauf, dass er die Zeitung aufhebt, die er aus Wut hingeschmissen hat.

Stimmen die Verhaltensregeln, die ein Kind zuhause lernt, mit denen seiner Umwelt nicht überein, kann es zu Konflikten kommen, wenn ein Kind im häuslichen Miteinander wenig Kompromißbereitschaft erfährt, oder es in seinem Umfeld wenig Regeln gibt, an die es sich tatsächlich halten muß.

Schnell setzt es dann Regeln gleich mit Einschränkungen und nicht mit einer positiven „Unterlage für ein gutes Miteinander." Es ist deshalb viel weniger bereit, die Regeln anderer anzunehmen. Jedes Kind muß zuerst einmal lernen, dass es verschiedene Verhaltensmöglichkeiten gibt. Und immer dann, wenn es, außerhalb seines Zuhauses mit anderen Menschen zusammen kommt, sollte es in der Lage sein, sich an die Verhaltensweisen anderer anzupassen.

Der fünfjährige Michael brauchte seine Schuhe Zuhause nicht auszuziehen, als er vom Spielen zurückkam. Bei seinem Freund galt die Regel, Schuhe bleiben vor der Tür stehen. Michael rebellierte dagegen, er sah nicht ein, sich an diese Verhaltensmaßnahme zu halten. Dies hatte zur Konsequenz, dass er nach Hause gehen mußte." Er konnte nicht akzeptieren, auf die Regeln der Familie einzugehen, wenn er zu Besuch war.

Tobias, der gewohnt ist, seine Forderungen größtenteils schreiend zu äußern, schreit auch in der Schule, anstatt zu bitten. Er erfährt Ablehnung, ohne wirklich erkennen zu können, warum sein Verhalten hier abgelehnt, zu Hause aber vorgelebt und geduldet wird.

Ein Kind, das Achtung und Geduld von seinen Eltern erfährt, kann auch Freunden gegenüber geduldig sein, ohne unterwürfig zu wirken.

Zu einem guten Familienklima gehören Rechte und Pflichten und die Auseinandersetzung mit den Beteiligten, wenn die gemeinsamen Regelungen nicht befolgt werden.

In manchen Familien erfolgt die Auseinandersetzung schreiend, verletzend. Hier wird nicht um die Sachlage gestritten, sondern um die Macht.

Ein Familienklima, in dem unterdrückt, statt zugehört wird, kann verantwortlich dafür sein, dass geringe Frustration in blinde Wut umschlägt. Kinder, die in einem Klima groß werden, in dem kindliche Interessen häufig unterdrückt werden, lassen die gestaute Wut an anderen Orten heraus. Kinder, die aggressives Verhalten bei der Durchsetzung von Zielen erlernen, schreien und toben, bis sie ihr Ziel erreicht haben, sie werden sich auch außerhalb der Familie so durchsetzen. Ein solches Familienklima lässt sich mit: „Der Stärkere wird gewinnen," benennen. Wieso sollte ein Kind, das diesen Umgang erfährt, sich unter Gleichaltrigen anders verhalten?

Sebastian wächst in einem Familienklima auf, in dem geschimpft, statt erklärt wird. Immer dann, wenn Sebastian sich unwohl fühlt, wenn er in einem angeregten Spielverlauf gestört wird, oder wenn Streitsituationen aufkommen, gerät er in blinde Wut. Wird er von der Lieblingserzieherin ausgeschimpft, überträgt er den Frust auf seinen Freund, der geschubst oder angeschrien wird.

Sebastian lebt das Verhalten innerhalb der Familie weiter. Streit ist für ihn Kampf und so trägt er ihn aus, ohne Kompromisse.

Es können auch immer wiederkehrende, aus Erwachsenensicht „kleinere" Sachverhalte sein, die ein Kind dazu bringen, dass es mit einer aus Wut schwarz gefärbten Wahrnehmung in den Kindergarten oder in die Schule kommt: Der morgendliche Streit in der Familie, weil die Zeit so knapp bemessen ist.

Wegen einer neuen Arbeitsstelle geht es in Torstens Familie morgens oft hektisch zu, Streitigkeiten häufen sich momentan vor dem Kindergarten. Die Trennung fällt ihm dadurch schwer; er fühlt sich nicht mehr so wichtig und ernst genommen.

Kinder, die schon mit Wut im Bauch in die Gruppe treten, scheinen in dieser vorbelasteten Stimmung so irritiert zu sein, dass ihnen ganz leicht Wahrnehmungsfehler unterlaufen. Sie sehen alles von vornherein durch eine düstere Brille. Geschieht dies häufig, kann es passieren, dass es von der Gruppe in die Schublade : „Torsten ist immer so komisch" gesteckt wird.

Hier sind Gespräche zwischen Erzieher und Eltern nötig. Häufig ist Eltern gar nicht klar, wie stark die Belastung solcher „Kleinigkeiten" für ihr Kind ist.

Um sich in ein Kind hineinversetzten zu können, gibt es die folgende Übung:

Nehmen Sie sich Zeit und stellen Sie sich vor, Sie wären eine außenstehende Person, die ihren familiären Tagesablauf beschreiben müßte. Wie würden Sie ihn beschreiben? Gäbe es in der Beschreibung einen Sündenbock? Hätten Sie das Gefühl, dass alles in allem die Überschrift: „Verständnis und Interesse füreinander," passt?

Wenn Eigenaggression vorgelebt wird

Die Mutter, die alles in sich hineinfrisst, weil sie Ärger für schlechte Gefühle hält, die nicht gezeigt werden sollten, liefert ein Vorbild für Gewalt gegen die eigene Person.

Ein Vater, der dann und wann jähzornig ausrastet, wird zum Vorbild für eine gewalttätige Konfliktlösung. Das ist für ein Kind genauso schädlich, wie die Erkenntnis, dass sein Vater ungern streitet, dass er sich zurück hält und deshalb kaum ansprechbar ist. Er lässt Gefühle nicht raus, er lässt niemanden an sich heran. Vielleicht reagiert ein Kind, dass in einer Familie aufwächst, in der Aggressionen unterdrückt werden und gegen die eigene Person gerichtet sind, mit Nägelkauen oder Bettnässen auf dieses Vorleben.

Aufbauendes Streiten verbindet die Betroffenen. Es gibt Familien, in denen so gut wie nie gestritten wird. Unterschwellige Aggressionen werden nur durch Schmollen und gegenseitiges Schweigen sichtbar. Solche Familien bemühen sich, nach außen den Schein zu wahren, weil sie Streit für unsozial halten. In anderen Familien wird Streit aggressiv ausgetragen, mit verbalen, manchmal auch körperlichen Attacken. Beide Methoden sind schädlich für ein gesundes Familienleben. In einem fairen Streit tausche ich meine Meinung mit der Meinung meines Gegenübers aus, ohne ihn fertigmachen zu müssen.

Beziehung Kampf

In manchen Familien gibt es neben dem Kampf kaum andere Beziehungsformen zwischen Eltern und Kind, es überwiegt der Kommandoton und die Befehlsform.
Viele Eltern lassen es heute all zu oft zu , sich bekämpfen zu lassen, weil sie das Gefühl ungern aushalten wollen, konkret eigene Bedürfnisse auszusprechen, da sie dann einen Gewissenskonflikt haben. Bedürfnisse erlauben sie sich nur dann, wenn sie ärgerlich über ihr Kind sind. „Wenn Alexander mich so anschreien muß, um mir das telefonieren zu vermiesen, sehe ich es überhaupt nicht ein, schnell aufzuhören, das ist er jetzt selber schuld."
Kinder und gerade „schwierige" Kinder brauchen Ehrlichkeit von ihren Eltern. Halbherzige Zugeständnisse helfen weder dem Kind noch den Eltern. Wer oft genug ja sagt, wenn es um die Bedürfnisse seines Kindes geht, darf auch nein sagen und seine eigenen Wünsche wichtig nehmen. Wer nein klar und ehrlich vermittelt, schadet dem Kind nicht, er zieht sich nicht mit einer halbherzigen Lösung aus dem Geschehen. Denken Sie daran, dass ein zu häufig geäußertes „Jein" Verunsicherungen mit Verhaltensauffälligkeiten bei einem Kind bringen kann, wie beispielsweise aggressives Verhalten.

Aggressive Kinder

Kinder, deren Eltern Schwierigkeiten mit der Durchsetzung von Grenzen haben, reagieren häufig aggressiv auf Situationen, da ihre Frustrationstoleranz durch schnell erfüllte Wünsche, sehr gering ist. Da sie häufig die negative Aufmerksamkeit der anderen auf sich ziehen, geraten sie schnell in die Rolle des Sündenbocks. Ihre Eltern sind beschämt und wütend auf ihr Kind. Von anderen Kindern erfährt es Ablehnung, sie lassen es nicht mitspielen oder reagieren ängstlich. Es steht im Mittelpunkt der Beachtung bei Erwachsenen und Kindern und es wird nach längerer Zeit vermutlich

Gefallen daran bekommen, dort zu stehen, denn dadurch ist es jemand Besonderes.

Was ist typisch für die Umgehensweise, die ein aggressives Kind erfährt? Zahlreiche Untersuchungen zeigen, dass diese Kinder oft entweder eine grenzenlose Erziehung oder eine ablehnende, weniger eine unterstützende Haltung erfahren. „Was hast du denn jetzt schon wieder gemacht? Kannst du nicht wie andere vernünftig, ohne dich zu prügeln, spielen?" Durch die häufigen Entgleisungen des Verhaltens wird jetzt so stark auf das Kind geachtet, daß es hier zu einer festgefahrenen Situation kommt. Die Eltern sind schnell erregbar und von den Launen ihres Kindes abhängig. Hat das Kind einen guten Tag, geht es den Eltern gut. An einem schlechten Tag des Kindes stehen die Eltern unter Streß. Dies führt zu inkonsequentem Verhalten und willkürlichen Strafen. „Da ist mir die Hand ausgerutscht, ich wäre sonst geplatzt." Eltern wollen dem Kind schließlich zeigen, dass es sich nicht alles herausnehmen darf. Dadurch lernt es, daß Aggression ein legitimes Mittel ist, sich durchzusetzen. Es wird häufig im Kommando-Ton angesprochen: „Verschwinde aus dem Zimmer, mach, daß du wegkommst." Bei dir hilft ja nichts anderes, da muß man durchgreifen." Für ein positives Verhalten wird es selten in dem Maße gelobt, wie es für das negative getadelt wird. Das Kind erfährt also seinerseits häufig aggressives Verhalten. Aggressionen erzeugen Gegen-Aggressionen.

Aggressive Kinder lernen oft zwei Aussagen in einer kennen: „Ich mag dich so wie du bist, du müßtest nur ein bißchen ruhiger sein und nicht so viel schreien und schlagen." Eltern, deren Kinder dieses Verhalten zeigen, müssen ganz besonders darauf achten, dass Sie darauf verzichten, solche oder ähnliche Doppelaussagen von sich geben.

Sicherlich ist dies für jeden Menschen von Wichtigkeit, aber auffallend häufig erfahren Kinder mit Verhaltensauffälligkeiten solche und ähnliche Doppelbotschaften. Aber gerade sie brauchen das Gefühl der Annahme und der ganzen Zuneigung, ohne wenn und aber, das wird sich von alleine einstellen.

Klare Aussagen

In einer Gemeinschaft prallen verschiedene Bedürfnisse aufeinander, die unvereinbar scheinen. Die Mutter möchte telefonieren, das Kind mit ihr spielen, der Vater möchte lesen, das Kind mit ihm toben. Oft kommt es zu verwirrenden Versuchen, mit dem Kind zu spielen und dabei Zeitung zu lesen.

Zeigen Sie auch   hier eine klare Aussage, wenn zwei Bedürfnisse aufeinander treten: „Zuerst möchte ich noch diese Seite ungestört zu Ende lesen, danach spiele ich mit dir."
Klare Aussagen zeigen genau an, was ich meine, wünsche und vorhabe.

Streitkultur

Familienzusammenkünfte sind grundsätzlich sinnvoll, da sie ein Miteinander geben, das ermöglicht, Streit sinnvoll zu führen, eine Streitkultur zu erlernen. Eltern wie Kinder sind gleichermaßen gefordert zuzuhören. Vielleicht fällt es allen Beteiligten zu Anfang schwer, sich an die Regeln zu halten: Ich lasse jeden aussprechen. Ich nehme das an, was gesagt wird, ohne es ins Lächerliche zu ziehen.

Die Regeln einer Zusammenkunft könnten so aussehen:

Ich lasse ausreden, achte auf meine Gestik, meinen Gesichts- und Augenausdruck. Augenrollen, sagt meinem Gegenüber: Deine Meinung ist überzogen und für mich nicht in Ordnung. Auch Seufzen regt den Unmut meines Gegenübers an.

Ich höre genau zu. Das ist einfacher gesagt, als getan. Gemeint damit ist, dass ich mich nicht verschließe, auch wenn es eine Meinung ist, die überhaupt nicht meiner entspricht.

Ich achte meinen Gesprächspartner. Ich vermeide Aussagen wie: „Das stimmt doch gar nicht. Du denkst so egoistisch, dir geht es nur um dich" und ähnliches.

In meiner Antwort achte ich darauf, dass mein erster Satz beinhaltet: „Ich will dich verstehen und möchte, dass du dir die gleiche Mühe machst."

Mir ist es wichtig, dass wir eine Lösung suchen, ich werde mich zusammenreißen und nicht schreien oder schmollen. Diese alten Verhaltensmuster gehören nicht in unseren Neuanfang. Ich verlange auch von allen anderen Teilnehmern gleiche Achtung.

Habe ich das Gefühl, dass mein Gegenüber meinen Standpunkt nicht ernst nimmt, oder meinen Standpunkt nur mit seinen Augen sieht, spreche ich dies deutlich an, ohne ihn anzuschreien.

Bei der Lösungssuche geht es darum, Kompromisse zu finden. Das wird nicht immer zu Jedermanns Zufriedenheit ausfallen. Aber ich gebe mir Mühe, auch dann nicht schmollend oder schimpfend dazusitzen, wenn meine Bedürfnisse in dieser Zusammenkunft nicht ganz befriedigt wurden.
Bei der nächsten Familienkonferenz wird dies sicherlich anerkannt und vielleicht stellt ein anderes Familienmitglied seine Wünsche deshalb das nächste Mal zurück. Ich habe auch das Recht, darauf hinzuweisen.

Konsequenzen besprechen

Halte ich mich nicht an die über die Lösung gefundene Vereinbarung, bin ich bereit, Konsequenzen zu tragen, die mir nicht immer passen werden. Aber ich mache mir bewußt, dass ich mich selbst dafür entschieden habe, Konsequenzen einzugehen und zwar in dem Moment, in dem ich meine Vereinbarung nicht gehalten habe. Ich stehe dazu, ohne mein Gegenüber anzuschreien. Ich trage Verantwortung.

Übersehen Sie Kleinigkeiten

Gerade in den ersten Sitzungen sollten Eltern darauf verzichten, ihre Kinder während der Gespräche zu maßregeln. „Lacht doch nicht so albern, bleibt ruhig sitzen, schmatzt nicht mit dem Kaugummi. Hier handelt es sich um Störungen, die den Fluß der Kommunikation stören. Je öfter Ihr Kind das Gefühl hat, dass es ernst genommen und angehört wird, desto eher ist es bereit, Ihre Bedürfnisse ernst zu nehmen. Albernheiten oder anfängliche Verlegenheiten wird es dafür aufgeben, wenn Eltern bereit sind, diese zu ignorieren. Dieser Zustand ist ein Prozess, den die Familienkonferenz unterstützt. Vielleicht sitzt Ihr Kind schon nach kürzester Zeit ohne Kaugummi, ruhig auf dem Stuhl.

Schwierigkeiten, die bei der Umsetzung der Lösungen auftreten können

Kinder suchen und finden viele Strategien und Erklärungen, weshalb sie dieses und jenes nicht durchgeführt haben. Dies äußern sie mit vernünftigen Argumenten und arbeiten mit unserem Schuldgefühl. Unsere Überlegungen gehen dann oft dahin, dass wir zu streng sind. „Verlangen wir nicht doch zuviel von unserem Kind, wenn wir darauf bestehen, dass es im Haushalt mithilft, sind wir vielleicht zu streng?" Erwachsene sollten sich nicht durch die Argumentation ihrer Kinder verunsichern lassen, sich frustriert und machtlos fühlen. Es gehört zu unserer Erziehungsaufgabe, dieses Gefühl auszuhalten und trotzdem an Abmachungen festzuhalten.
Werden Lösungen gefunden und festgehalten, sollte sich jeder daran halten.

Hat Barbara sich dafür entschieden, jeden Morgen ihre Wäsche aus dem Badezimmer zu räumen und in die Wäschetruhe zu bringen und sie hält sich nicht daran, kann dies zur Konsequenz haben, dass sie ihre Wäsche selbst waschen muss. Handelt es sich um eine Aufgabe, die die ganze Familie betrifft, wird kurzfristig eine Familienbesprechung einberufen, in der es um dieses Thema geht. Auf gar keinen Fall sollte Barbara die Aufforderung der Mutter bekommen, die Wäsche wegzulegen, nachdem sie das Bad verlassen hat.
Vielleicht macht sich Barbara über die Auseinandersetzung mit der äußeren Aufgabe ihre inneren Abläufe bewußt. Sie hat die Möglichkeit, sich damit auseinanderzusetzen, wie häufig Sie sich etwas vornimmt, es dann aber nicht ausführt. Vielleicht wird ihr bewußt, dass sie Abläufe im Haushalt oder in der Schule einfach konzentrierter angehen muß.

Wenn Anne sich bereit erklärt hat, ihr Zimmer jeden zweiten Tag zu säubern, ihre Mutter aber feststellt, dass Anne sich nicht an die Verabredung hält, wird dies bei der nächsten Familienkonferenz angesprochen. Annes Mutter sollte Anne nicht an das Aufräumen erinnern.
Nun können theoretische Absprachen innerhalb einer Besprechung festgehalten werden, aber bei der praktischen Umsetzung wird erkannt, dass die Ausführung so gar nicht durchführbar war. Bei dieser Feststellung muss jeder die Möglichkeit bekommen, das Gesagte zu revidieren und einen veränderten Vorschlag unterbreiten zu können.
Anne erkennt, dass sie sich zuviel vorgenommen hatte. „Ich habe mein Zimmer tatsächlich nur einmal in der Woche aufgeräumt. Ich habe

festgestellt, dass ich es nicht jeden zweiten Tag schaffe, darüber war ich selbst enttäuscht und hatte keine Lust es überhaupt zu machen."

Sie bekommt die Möglichkeit, eine neue Häufigkeitsregelung aufzustellen, aber mit Konsequenzen bei Nichteinhaltung. Andreas hat sich entschieden, die Spülmaschine auszuräumen. Er sollte dies machen, ohne von seiner Mutter erinnert zu werden. Räumt Andreas` Mutter, weil sie Besuch erwartet und das Geschirr benötigt, die Spülmaschine aus, hat sie das Recht, ihm eine ihrer Arbeiten zu geben. Sie sollte dieses Recht auch nutzen.

Andreas` Mutter hat versprochen, ihn dienstags zum Schwimmen zu fahren, dafür hilft er ihr beim Staubwischen. Hat Andreas` Mutter den Termin vergessen, hat er das Recht, das Staubwischen seiner Mutter zu überlassen, weil er früher als sonst das Haus verlassen mußte, um mit dem Bus zu fahren. Bei verpassten Terminen neigen Eltern manchmal aus einem schlechten Gewissen heraus dazu aufzuzählen, was sie alles zu tun haben, wieso der Termin nicht eingehalten werden konnte. Sie regen sich dann darüber auf, dass sie die Aufgabe des Kindes noch miterledigen müssen und finden es übertrieben, wenn ihr Kind darauf besteht. Jeder sollte bei Nichteinhaltung bereit sein, auf die Enttäuschung des anderen verstehend einzugehen. Mit der Erklärung: „Es tut mir ja leid ich stand im Stau, aber du lässt mich mittags auch mit dem Mittagessen warten," verhindert Andreas` Mutter, dass er lernt, für das, was er tut, Verantwortung zu tragen, denn auch er wird versuchen, sich bei Nichterfüllung seiner Aufgaben herauszureden. Um mit einer Vorbildfunktion zu arbeiten, müssen Eltern bereit sein, die Nichteinhaltung einer Zusage „auszubügeln."

Inkonsequentes Verhalten ist eine Form von Verantwortungslosigkeit, die ein Kind schnell herausspürt.

Verantwortung darf nicht entzogen werden

Hat ein Kind sich für eine Aufgabe verpflichtet, soll es diese auch als eigene Aufgabe sehen.

Achten Sie darauf, dass Ihr Kind nicht wieder zu Unverantwortung angeleitet wird.

Eltern entziehen Verantwortung, indem sie

- an das Besprochene erinnern, anstatt die Konsequenzen zu fordern

- zögern, eine Konsequenz bei Nichteinhaltung auszusprechen.

- die Aufgabe selbst erledigen, ohne Konsequenzen. Manchmal muss eine Aufgabe übernommen werden, weil die Möglichkeit des Aufhebens nicht gegeben ist, dann darf auf die Konsequenz aber nicht verzichtet werden. Konsequenzen können Aufgaben sein, die für den erledigt werden müssen, der eingesprungen ist. Nach Möglichkeit sollte die Aufgabe liegen gelassen werden. In der nächsten Familienkonferenz wird dies angesprochen und gemeinsam nach einer Konsequenz gesucht.

- Die Vereinbarung kurzzeitig einhalten, dann aber aus Bequemlichkeit in alte Verhaltensmuster verfallen.

Wir können Verantwortungsbewußtsein in unseren Kindern dadurch stärken, dass wir ihnen durch ihre eigenen Erfahrungen die Konsequenzen ihrer Verhaltensweisen deutlich machen. Dies bedeutet auch, dass sich Kinder manchmal für eine unangenehme Sache entscheiden müssen. Die Notwendigkeit, die Hausaufgaben zu erledigen oder das Zimmer zu säubern, steht schönen Dingen entgegen. Verantwortungsgefühl zeigt die Fähigkeit, einer unangenehmen Sache nachzugehen, obwohl dies Überwindung kostet. Kinder, die gewöhnt sind, Verantwortung im familiären Umfeld zu tragen, werden dies auch leichter in Bezug auf die schulischen Verpflichtungen bewerkstelligen können.

Das Thema Schule
Hausaufgaben

Immer wieder kommen Eltern in die Erziehungsberatung und klagen darüber, dass ihr Kind schulische Schwierigkeiten hat. Sie können bis ins Detail schildern, was in jedem Fach durchgenommen wird, wo, welche Schwierigkeiten liegen, mit welchem Lehrer sich ihr Kind nicht versteht. Sie erzählen über den Druck vor Klassenarbeiten, von den Schwierigkeiten bei den Hausaufgaben und dem unkonzentrierten Arbeiten nach dem Mittagessen. Auf die Frage, warum ihr Kind nicht zu einem anderen Zeitpunkt seine Hausaufgaben machen darf, kommen Antworten wie: „Mit Sicherheit ist nach dem Mittagessen doch der richtige Zeitpunkt, nachmittags ist Tina verabredet und abends macht sie einen müden Eindruck."

Eltern müssen lernen, an das Selbstverständnis ihres Kindes heranzukommen. Ein Kind braucht die Verantwortung der Selbstverständlichkeit, dass es seine Hausaufgaben machen muss, ohne dass Eltern daneben sitzen und jeden Schritt der Hausaufgabenerledigung unterstützen bzw. kontrollieren.

Das Verantwortungsgefühl jedes Kindes steht in direkter Beziehung zu seinen Rechten und Pflichten. Das Schulleben erfordert gewisse Verhaltensnormen, zu denen gehören Regeln, die eingehalten werden müssen. Man kann einem Kind nicht gestatten, die Hausaufgabenerledigung hin und wieder oder nur unvollständig anzugehen. Es muss lernen, dieser Verpflichtung nachzugehen. Bei der Erledigung sollte ihm das Recht der Mitbestimmung solange gewährleistet werden, wie es vernünftig damit umgeht.

Ist dies nicht mehr der Fall, muss an die konsequente Einhaltung der Regeln mit Konsequenzen erinnert werden. Ein Kind gewöhnt sich an Ordnung und Durchführung seiner Aufgaben, wenn ihm unmissverständlich gezeigt wird, dass dies zu den schulischen Regeln gehört.

Zur Mitbestimmung gehört das Bestimmungsrecht, wann die beste Zeit am Tage für die Hausaufgabenerledigung ist. Manche Kinder behaupten, sie könnten am besten abends arbeiten. Aus diesem Thema entstehen viele

Streitigkeiten, wenn Eltern auf die sofortige Erledigung der Hausaufgaben bestehen.

Lassen Sie Ihr Kind ausprobieren, ob es sich abends tatsächlich am besten konzentrieren kann. Das kann durchaus möglich sein, weil es in Gedanken nicht von seinem Tagesablauf abgelenkt wird. Möglicherweise erfährt es aber auch einen Reinfall, Ihr Kind kann sich abends überhaupt nicht mehr konzentrieren, vielleicht fließen vor Müdigkeit die Tränen.

Besprechen Sie mit Ihrem Kind, dass es sich falsch eingeschätzt hat, es wird einen neuen Zeitpunkt wählen müssen.

Die Aussage: „Du siehst, dass du dich abends doch nicht so gut konzentrieren kannst, wie du das glaubtest, du solltest überlegen, wann du besser arbeiten kannst," ist in der Besprechung mit Sicherheit aufbauender als eine Anklage: "Hab ich dir nicht gesagt, dass du abends nicht arbeiten kannst. Morgen beginnst du sofort nach der Schule damit."

Sträuben Sie sich aus Mitleid am nächsten Tag nicht davor, auf die Vervollständigung einer Arbeit zu drängen, die aus Müdigkeit am Abend zuvor unzureichend erledigt wurde.

Ein Bestimmungsrecht hat nur dann Sinn, wenn es an das Recht gekoppelt ist, die Folgen zu tragen.

Das Thema: Wann ist die beste Zeit Hausaufgaben zu machen, kreuzt in fast jedem Schulalltag auf.

Anja kam mit dreizehn Jahren wegen Schulschwierigkeiten in meine Praxis. Sie fühlte sich, berichtete ihre Mutter, bei den Hausaufgaben überfordert und war den Lehrern gegenüber aufsässig, sie verweigerte häufig ihre Mitarbeit. Als ich Anja zum Thema: Der beste Zeitpunkt für die Hausaufgabenerledigung befragte, sagte sie, dass sie dazu nichts sagen könne, weil sie noch nie die Möglichkeit bekommen hatte, dies zu entscheiden.

„Meine Mutter läßt es nicht zu, dass ich meine Hausaufgaben zu einem anderen Zeitpunkt mache, als nach der Schule. Meine Freunde verabreden sich nach der Schule, aber ich muß zuerst meine Hausaufgaben machen. Weil ich mich darüber ärgere, kann ich mich nicht konzentrieren. Meine Mutter schaut immer wieder in mein Heft und schimpft über meine Schrift, manchmal verlangt sie, dass ich alles wieder neu schreiben muss. Dann werde ich so zornig, dass ich mich überhaupt nicht mehr konzentrieren kann, weil ich weiß, dass meine Freundinnen gleich alleine in die Stadt gehen werden. Ich spüre dann nur noch Wut in mir."

Kinder brauchen die Chance, eigenverantwortlich und mit Konsequenzen ihre häuslichen Aufgaben zu erledigen. Dies ist eine Grundvoraussetzung für einen positiven Schulverlauf, der sich über Jahre hinzieht. Haben Eltern von

Beginn an Ängste, dass ihr Kind ohne ihr kontrollierendes Eingehen versagen wird, wirkt dies demotivierend.

Eltern, die feststellen, dass der schulische Ablauf nicht klappt, können mit Konsequenzen einschreiten und dann auf Grundsätzlichkeiten eingehen. Leistet ein Kind seit einiger Zeit grundsätzlich seine Aufgabenerledigung mit dem geringsten Aufwand, sollte ihm unmissverständlich klar gemacht werden, dass sich seine Arbeitshaltung verändern muss. Überlegen Sie gemeinsam, was geändert werden kann. Die Aufgabenerfüllung sollte dann aber mit der eindeutigen Erklärung von Konsequenzen bei Nichteinhaltung, in das Eigenverständnis des Kindes übergehen.

Der zehnjährige Florian zeigte für den Sachkundeunterricht wenig Bereitschaft zur häuslichen Mitarbeit. Seine Lehrerin beklagte dies und seine Eltern ärgerten sich über die Bequemlichkeit ihres Kindes. In Gesprächen appellierten sie an seine Vernunft. Dies gelang auch; Florian nahm sich vor, gleich am nächsten Tag nach der Schule in den Park zu gehen und die geforderten Laubblätter einzusammeln. Am gleichen Abend, nach dieser Besprechung, forderte sein Vater Florian auf, mit ihm zum Sammeln in den Park zu gehen. Florian hatte sich für den Abend etwas anderes vorgenommen und so kam es zum Streit. Die Erledigung der Aufgabe wurde nicht in das Eigenverständnis des Kindes übergeben. Für Florian wäre es besser gewesen, wenn er die Chance zur Erledigung bekommen hätte. Sicherlich hätten Florians Eltern mit Konsequenzen handeln können, wenn er sich an die Abmachung nicht gehalten hätte.

Es ist ein Fehler, die Ernsthaftigkeit der Erledigung einer Aufgabe anzuzweifeln. Wenn wir die Einsicht eines Kindes anerkennen, sprechen wir seine Eigenverantwortung an.

Ein Kind braucht die Eigenverantwortung für die Schule

Kinder neigen nur allzu gerne dazu, sich Ausflüchte für schlechte Noten, für vergessene Hausaufgaben, für nicht mitgebrachte Arbeitsmaterialien einfallen zu lassen. Die schulische Leistung hängt mit dem Verantwortungsbewußtsein eines Kindes zusammen. Schüler, die Schulschwierigkeiten haben, holen manches mal weit aus. „Hätte meine Lehrerin noch mal an die Klassenarbeit erinnert, hätte ich genug Zeit zum

Üben gehabt. Meine Klassenkameraden sind so laut, dass ich meine Hausaufgaben nicht mitschreiben konnte. Meine Mutter hat den Zeichenblock vergessen zu kaufen." Diese und ähnliche Aussagen weisen darauf hin, dass ein Kind noch nicht die Verantwortung zum Lernen übernommen hat.

Hilfreiche Unterstützung bieten Eltern ihrem Kind, wenn sie ihm klar machen, dass es in der Schule auf Entscheidungsprozesse stößt. Es kann entscheiden, ob es sich ablenken läßt oder ob es seine Hausaufgaben auch dann erfährt, wenn es zu laut war, als die Lehrerin sie diktierte. Es kann entscheiden, ob es in der Freistunde malt, Briefchen schreibt oder mit seinen Hausaufgaben beginnt.

Eltern, die ruhig, aber mit Bestimmtheit darauf bestehen und auch so handeln, dass ihr Kind dafür Sorge trägt, dass es die Hausaufgaben erfährt, dass es an sein Schulmaterial denkt, werden bald feststellen, dass ihr Kind selbstverantwortlich mit dem Schulalltag umgeht. Hierzu gehört natürlich auch der ein oder andere Misserfolg, in Form von vergessenen Bastelmaterialien oder Sporttaschen. Kinder, die gelernt haben verantwortungsvoll zu handeln, werden ihre Schultasche alleine packen, werden ihre Hausaufgaben auch unkontrolliert erledigen, sie müssen nicht erinnert werden. Eltern, die zu stark in den Schulalltag eingreifen, verschlechtern dadurch nicht selten die Noten.

Das heißt nicht, dass Eltern nicht unterstützen können, wenn sie gefragt werden, ob sie beispielsweise Bastelmaterial mit beschaffen oder Vokabeln abfragen können. Sie können auch auf das unvollständige Mäppchen aufmerksam machen, auffüllen sollte es aber ihr Kind. Es liegt ein eindeutiger Unterschied zwischen Kontrolle und Unterstützung.
Eltern, die die Leistungen und die Verantwortung so mittragen, dass sie an die schulischen Abläufe regelmäßig erinnern, nehmen diese Aufgabenerledigung aus der Kinderhand und fühlen sich bald mindestens so verantwortlich wie ihr Kind. Kinder verlassen sich in dieser Hinsicht nur zu gerne auf die Eltern. „Die Mama wird beim Durchlesen meine Fehler schon finden." Hat es sich diese Einstellung angewöhnt, arbeitet ein Kind dann auch so in der Schule.

Aus Angst vor schlechten Noten bringen Eltern manchmal Forderungen und Kontrollen, ohne zu sehen, dass sie ihrem Kind die Möglichkeit verwehren, die Bewerkstelligung seiner Arbeit unter • eweis stellen zu können. Noten können durch zu hohen Leistungsdruck durch die Eltern um einiges schlechter werden. Schulversagen ist in den seltensten Fällen durch Intelligenzmangel verursacht. Häufig habe ich in der Arbeit mit Kindern und Eltern die Erfahrung gemacht, dass sich positive Änderungen einstellen, wenn Eltern ihre Ängste loslassen und den Schulalltag in die Eigenverantwortung ihrer Kinder übergeben.

Sicherlich müssen auch hier Grenzen gesetzt und Konsequenzen eingesetzt werden, wenn die Erledigung nicht funktioniert. Eltern müssen aber darauf achten, dass die Kontrolle auf Selbständigkeit ausgelegt ist und nicht statt dessen in die Hand der Eltern übergeht.

Eltern können die schulische Entwicklung unterstützen, indem sie sich auf die positiven Leistungen ihres Kindes konzentrieren.
Sie können damit beginnen, dass sie bemerken, dass ihr Kind seit kurzem die Hausaufgaben ins Hausheft schreibt. Sie können die eigenständige Vorbereitung auf die Klassenarbeit oder den Test loben. Jede positive Aussage, jedes Lob ist ein Schritt zur besseren Arbeit. Positive Aussagen der Eltern bewirken Motivation, positive Sätze spornen an und machen Mut.

Scheinbar positive Sätze wie:

Die Klassenarbeit wird schon schief gehen,
sei nicht nervös,
du brauchst keine Angst zu haben
sollten ersetzt werden durch:

Es wird klappen
bleib ruhig
du schaffst die Aufgabe.

Positiv wirken Sätze nur dann, wenn auf negative Worte verzichtet wird.
Auch nicht und kein stellt für unser Unbewußtes eine Negation dar.
Wenn der Satz: „Das wird schon nicht daneben gehen," ersetzt wird durch: „Du wirst es schaffen," haben Sie als Eltern schon unterstützenden Dienst geleistet, der nicht zu unterschätzen ist.

Kommt ein Kind nach viel Anstrengung mit einer besseren Note nach Hause, auch wenn es sich um eine Verbesserung von nur einer halben Note handelt, sollte es gelobt werden.

Liegt keine bessere Note vor, sollten Sie sich die Arbeit dahingehend anschauen, dass Sie auf die Schrift achten oder auf jede auch noch so kleine Besserung. Nehmen Sie sich hierfür genauso viel Zeit, wie für das Beschauen der Fehler.

Eltern, die ihre Kinder all zu häufig kritisieren wegen ihrer negativen Leistungen, bringen sie dahin, dass sie an sich selbst zweifeln. Diese Kinder beschäftigen sich weniger gerne mit der Schule. Sie verbinden Schule mit schlechten Gefühlen. Häufige Kritik und Druck macht Streß, aber keinen guten Schüler. Verändert werden können festgefahrene Situationen dadurch, dass Sie mit positiver Aufmerksamkeit Schulleistungen verfolgen.

Schreibt es nur ein kleines bisschen besser, streicht es weniger durch, wird das anerkennend bemerkt.

Es fällt manchen Eltern schwer, auf Kritik und Druck zu verzichten und statt dessen Selbstverantwortung mit Konsequenzen zu fordern. Sie haben Angst, dass ihre Kinder ohne Druck und ständige Kontrolle, in den Leistungen abfallen könnten.

Wenn Sie diesen Vorgang sachlich durchdenken, wird Ihnen klar werden, dass Sie durch Druck nur momentan positiv beeinflussen können. Vielleicht gelingt Eltern durch Druckausübung, dass ihr Kind vorübergehend ordentlich die Hausaufgaben erledigt, denn es weiß, dass es sonst am Abend nicht fernsehen darf. Dafür wird es aber viel weniger Lust zum zusätzlichen Üben haben. Hier ist der Druck angesprochen, der grundsätzlich ausgeübt wird, also nicht als Konsequenz stattfindet. Der Druck, der gemacht wird, ohne zu sehen, ob die Aufgabe auch ohne diese Maßnahme erledigt worden wäre.

Weichen Eltern dann von dem Druck ab, leidet die Hausaufgabenführung darunter und die Unlust zu üben bleibt. Wer lange Zeit unter starkem Druck stand, wird, wenn dieser wegfällt, die Zeit aufholen wollen, die er mit unliebsamen, auferlegten Dingen verbracht hat. Eltern sollten sich bewußt machen, dass sie auf die schulischen Leistungen in der Form Einfluss nehmen, in der sie auf die Erledigung der Aufgaben einwirken. Machen Eltern sich zu stark verantwortlich und entziehen ihrem Kind dadurch die Eigenverantwortung, können sie ihrem Kind dadurch möglicherweise den Spaß an der Erledigung der gesamten schulischen Verpflichtung nehmen.

Eltern brauchen den Mut zur Selbstverantwortung ihrer Kinder, nur so wird Kindern der Unterschied zwischen Druck und Selbstverantwortung mit Konsequenzen bewusst werden.

Die siebenjährige Laura machte nur dann ihre Hausaufgaben ordentlich und vollständig, wenn ihre Mutter daneben saß, immer wieder darauf aufmerksam machend, wenn die Schrift nach ihrer Vorstellung unordentlich zu werden schien. Lauras Lehrerin war mit ihrer Schrift zufrieden. Lauras Noten wurden mit der Zeit immer schlechter, sie verschwieg Termine, an denen Klassenarbeiten geschrieben wurden. Sie verlor durch den Ehrgeiz ihrer Mutter die Lust am Lernen. Sie mußte sich für ihre Verhältnisse überlang mit den Hausaufgaben auseinandersetzen und wollte danach nur noch spielen. Lauras Mutter musste lernen, dass sie mitverantwortlich für Lauras schulischen Absturz war.

Es dauerte nicht lange, dass Lauras Interesse an der Schule wieder stieg, nachdem ihre Mutter eingesehen hatte, dass sie umdenken musste. Sie griff nach wie vor ein, wenn Laura Unterstützung brauchte, sie erklärte ihr die Rechenaufgaben, wenn sie darum gebeten wurde, fragte Sachkunde ab, aber sie setzte Laura nicht mehr unter Druck, sie lobte sie für die verbesserte Arbeitshaltung. Laura bekam wieder ein positives Selbstbild einer guten Schülerin.

Die Zahl der Kinder, die wegen Schulschwierigkeiten bis hin zur Schulblockade in meine Praxis kommen, ist groß. Eltern, die sehr kontrollierend auf ihr Kind einwirken, vergessen, dass ein Kind sich nicht an eine Aufgabe anpassen kann, wenn ihm diese willkürlich aus der Hand genommen wird. Es wird sich nicht wirklich bewusst darüber, was von ihm erwartet wird. Haben seine Eltern einen Plan für die Erledigung der Hausaufgaben, einen Plan zum Üben, die Vorstellung darüber, wann der beste Zeitpunkt ist, Zusatzaufgaben einzufordern, lernt es zwar den Wünschen der Eltern zu entsprechen, sammelt jedoch nicht die eigenständige Erfahrung, Alltagssituationen selbständig in die Hand zu nehmen.

Entsteht häufiger Streit aus Angst vor schlechten Schulleistungen, kann ein Kind mächtig die Lust an der Schule verlieren Und hier werden Eltern einhaken und noch ängstlicher darauf bedacht sein, dass ihr Kind die schulischen Verpflichtungen unter Kontrolle erledigt.
In manchen Familien leiden Eltern regelrecht unter dem Schulstress ihrer Kinder und unter der Schulsituation, wie sie im alltäglichen Leben vonstatten geht. Eltern, die mit viel Einsatz Kontrolle ausüben, aus Angst, dass ihr Kind in der Schule nicht zurechtkommt und mit dem schulischen Ablauf überfordert ist, müssen lernen, ihre Ängste loszulassen.

Tinas Eltern waren überfordert: „Wir sind verzweifelt, nach einem Gespräch mit Tinas Lehrer haben wir erfahren, dass sie das Schuljahr wiederholen muss, wenn sie sich nicht anstrengt. Sie könnte, wenn sie wollte."
Tinas Eltern waren informiert über jeden Schulablauf und das bis ins Detail. Sie waren informiert über den Stoff, den ihr Kind durchnahm und beherrschten ihn. Sie regelten fast den gesamten Tagesablauf, aus Angst, er könnte zum Nachteil der Schule falsch organisiert sein. Der Tagesablauf war ganz auf die Schulaufgaben und das Üben ausgerichtet. Aber je mehr Tinas Eltern das Thema Schule „in die Hand nahmen" also in die Verantwortung gingen, desto mehr zog Tina sich aus dem Ablauf heraus. Der Kreislauf zur schlechten Schülerin war damit gezogen.
Tinas Alltag wurde beherrscht vom Thema Schule. Übte Tina, war sie nicht wirklich bei der Sache. Sie war nicht in der Lage, konzentriert zu arbeiten. Der Elterndruck, der auf ihr lastete, war zu stark.

Eltern sind mit den schulischen Misserfolgen häufig überfordert, hilflos und traurig. Sie reagieren mit viel Druck darauf.
Aber nicht nur Eltern sind überfordert, wenn die Noten trotz Übens schlecht ausfallen. Im Gespräch mit Kindern, habe ich häufig ein über das Thema Schule hilflos und traurig wirkendes Kind vor mir sitzen. „Ich weiß auch nicht, ich kann mich anstrengen, ich kann üben und trotzdem bekomme ich eine schlechte Note. Ich glaube, dass ich dumm bin." „Wie reagieren deine Eltern auf deine Noten." Manchmal schimpfen sie, manchmal tun sie so, als würde es sie nicht mehr interessieren und manchmal darf ich eine Woche kein fernsehen und muss mehr üben."
Die wenigsten Kinder, die Schulschwierigkeiten haben, sind in anderen Lebensbereichen glücklich. Die gedrückte Stimmung und Entmutigung, die sie aus dem Schulversagen mitnehmen, überträgt sich auf ihre Freizeit. Unbeschwertes Spielen kennen sie kaum noch, selbst der Sonntag erinnert schon wieder an den Montag, an die Schule.
Jedes Kind braucht Unterstützung, um aus diesem Kreislauf herauszufinden. Es muss sich hierbei um eine Unterstützung handeln, die zur selbständigen Bewerkstelligung der Anforderungen hinzielt. Von Unterstützung kann immer dann die Rede sein, wenn sie keine Krücke ist, an der verlernt wird, eigenständig zu handeln.
Eltern, die dies nicht erkennen und glauben mit zusätzlichem Druck auf ihre Kinder positiv einzuwirken, haben eine lange und schwierige Schulzeit vor sich.

Unaufmerksamkeit

Wie kann ich mein Kind unterstützen, wenn es unaufmerksam ist?
Christa kam in die Praxis, da sie Probleme mit ihrer Aufmerksamkeit hatte. Es fiel ihr schwer, konzentriert ihre Hausaufgaben zu machen; immer wieder holte sie sich einen anderen Gegenstand zur Hand und anstatt auf ihr Heft zu schauen, beschäftigte sie sich mit dem bunten Stift in der Hand. Bevor sie mit den Hausaufgaben begann, spitzte sie ihre Stifte, kontrollierte die Patrone im Füller, suchte Dieses und Jenes.
In der Schule fiel auf, dass sie unruhig hin und her zappelte, dem Unterricht nicht konzentriert folgte. Ihr passierten häufig Unfälle, in Streitigkeiten reagierte sie impulsiver als andere, sie wurde sehr wütend oder reagierte auffallend schnell beleidigt. Sie machte Flüchtigkeitsfehler, ihre Schulleistungen sahen schlecht aus, die Hausaufgaben brachten jeden Mittag Ärger mit ins Haus. Weinen und Schreien gehörten zu Christas Schulalltag. Schule verband sie mit unangenehmen Gefühlen und ihr größter Wunsch, den sie bei mir äußerte, war: „Ich möchte aufpassen und still sitzen können in der Schule, damit ich nicht mehr so oft ausgeschimpft werde."
Über eine Elternerfassung und ein Testverfahren kam heraus, dass bei Christa ein Aufmerksamkeits-Defizit-Syndrom (A D S), eine Störung der Informations- und Wahrnehmungsverarbeitung, vorlag. Auffallend ist die Ablenkbarkeit, nur kurz bei einer Tätigkeit verweilen zu können, wenn es sich nicht um eine interessante Beschäftigung handelt. Ist die Beschäftigung interessant, kann sie konzentriert ausgeführt werden.
Über ein Training lernten Christa und ihre Eltern mit A D S umzugehen. Christa lernte, den Unterschied zwischen „ich glaube, ich bin aufmerksam oder ich bin jetzt ganz bei dem, was ich mache," kennen. Sie wurde ruhiger, ihr passierten weniger Unfälle dadurch, dass sie ihre Impulse besser zu steuern gelernt hatte.

Oft vermuten Eltern bei ihren Kinder A D S, da ihre Kinder die gleichen Symptome zeigen.
Die gleichen Verhaltensweisen, wie bei einem Aufmerksamkeits-Defizit-Syndrom können sich zeigen, wenn das Umfeld des Kindes dazu führt, dass es sich unkonzentriert und nervös verhält. Kinder, die ständig unterbrochen werden, wenn sie erzählen, denen nur im vorbeigehen zugehört wird und die von einer Aktivität zur anderen gehen, zeigen Nervosität und Konzentrationsmangel. Kommt dann noch schulischer Druck von Seiten der Eltern hinzu, zeigt es Unaufmerksamkeit und ist schnell reizbar.

Die Unfähigkeit eines Kindes, konzentriert zu arbeiten, sollte nicht nur beobachtet, sondern auch angegangen werden. Sie können Ihr Kind bei Fachleuten testen lassen. Liegt bei einem Kind A D S vor, dann sollte es die Möglichkeit erhalten, den Umgang mit A D S zu erlernen, um sie erfolgreich zu behandeln, damit es nicht zu Folgestörungen kommt. Handelt es sich bei seinem Verhalten aber darum, dass der Alltag des Kindes es zu mangelnder Konzentration, zu gereizter Stimmung bringt, muss, um eine Besserung zu erreichen, der Alltag neu organisiert werden, das Verhalten der Eltern auf ihr Kind sich verändern. Ihm zusätzlichen Druck zu machen durch Sätze, wie: „ Du könntest, wenn du wolltest, streng dich mehr an, dann schaffst du es, bessere Noten zu bekommen," wird ein Kind nur noch unaufmerksamer machen.

Hat ein Kind schulische Probleme, braucht es die Rückkopplung seiner Eltern umsomehr, dass es in anderen Dingen gut ist. „Berit, es war toll, wie du heute dein Fahrrad repariert hast, das hat mir sehr imponiert." Kinder haben schnell ein schwarz-weiß-Denken, ich bin schlecht in der Schule, ich bin blöd, ich kann eben gar nichts.

Hier brauchen sie unbedingte Unterstützung.

Ein Beobachtungsplan zeigt, inwieweit das Thema Schule negative Kontrolle im Alltagsleben übernommen hat.

Der Selbstbeobachtungsplan der Eltern kann folgende Fragen beinhalten:

1. Gibt es familiäre Probleme?

2. Bekommt mein Kind noch häufig genug andere Zuwendung, als die schulische?

3. Wie oft kreist mir das Thema Schule im Alltag durch den Kopf?

4. Ist der Tag meines Kindes ganz verplant? Hat mein Kind den Raum, die Zeit, konzentriert zu arbeiten?

Gibt es familiäre Probleme,

weswegen das Kind sich nicht konzentrieren kann, weil sie ihm ständig durch den Kopf gehen? Auch scheinbar verborgene Eheprobleme können eine Rolle spielen. Kinder spüren intuitiv, wenn ihre Eltern Probleme verschweigen. Dies ist um so schwerer für sie, wenn sie verdeckt sind, weil sie nicht angesprochen werden können. Sie kreisen unverarbeitet im Kopf herum und hindern die Konzentration. Wenn uns daran liegt, unseren Kindern deutlich zu zeigen, dass wir sie für stark genug halten, von unseren Problemen zu erfahren, müssen wir auch so handeln. Natürlich wird hierbei auf die altersgerechte Ausführung des Problems geachtet. Oft erfahren Eltern dann, dass sich ihr Kind schon lange mit übertriebenen Ängsten getragen hat, weil es nicht die Möglichkeit bekam, nachzufragen.

Der sechsjährige Dennis, der wegen Schulproblemen in meiner Praxis war, litt unter der Vorstellung, dass seine Familie bald kein Geld mehr hätte. Er bekam Streitigkeiten mit, in denen es um die Arbeitsstelle des Vaters ging. Seine Mutter beklagte sich über die gehäuften Überstunden ihres Mannes. Sie litt unter diesem Zustand und äußerte dies auch deutlich. Eines Abends hörte Dennis seinen Vater sagen: „Ich höre eben auf, in dieser Firma zu arbeiten, dann können wir einpacken und in die Armengegend ziehen." Dennis hatte von nun an die Vorstellung, dass Papa bald seine Arbeit aufgeben würde. Er nahm sich vor, ganz lieb zu sein, damit Mama sich nicht aufregen mußte. Er wurde immer ruhiger, näßte nachts ein. Dennis, der nicht gewohnt war, offen über Probleme zu sprechen, schwieg auf die Frage, warum er so traurig sei. Er schwieg, bis er über seinen Leistungsabfall in der Schule zu mir in die Praxis kam und aus Gesprächen seine innere Not klar wurde.
Erst ein offenes Gespräch zwischen ihm und seinen Eltern brachte ihm Ruhe.

Bekommt das Kind noch andere Zuwendung als die schulische?

Genauso wichtig wie die körperliche Zuwendung, wie Zeit und Lob, ist die ausgerichtete Aufmerksamkeit auf positives Verhalten, auf die Stärken eines Kindes.
Auch Kinder, die die meiste Zuwendung über die schulischen Leistungen erhalten, die gelobt und getadelt werden für Noten und ihre Hausaufgabenführung, ansonsten aber wenig Aufmerksamkeit bekommen,

leiden häufig unter schulischen Schwierigkeiten. Oft hören sie ein vermeintliches Lob. „Ja, siehst du, du schaffst auch eine drei, so schlecht bist du doch gar nicht, wenn du dich noch mehr anstrengst, kannst du noch besser werden." Ein solches Lob gibt dem, der es erhält nicht das Gefühl, dass er eine tolle Leistung erbracht hat, dass er klug und fleißig war, statt eines Lobes kommt bei ihm die Botschaft an: „Deine Leistung könnte besser sein."

„Das hast du gut gemacht, ich bin richtig stolz auf dich. Du hast aber auch ganz schön viel dafür gearbeitet," wäre Ausdruck einer wirklichen Anerkennung.

Manchmal sind festgefahrene Rollen Schuld daran, dass ein Kind kaum noch positive Ansprache bekommt. Die Spannungen zwischen Eltern und Kindern haben sich so zugespitzt, dass im Grunde kaum ein anderes Thema, als das schulische stattfindet und dieses ist dann noch spannungsgeladen.

Schulische Leistungen werden als Belohnung und Bestrafung eingesetzt.

„Mama, alle Mädchen aus unserer Klasse dürfen am Wochenende bei Berit schlafen, darf ich auch hingehen?"

„Wenn du dein Diktat einigermaßen gut hin bekommen hast, können wir noch einmal darüber reden, wenn nicht, kannst du dich am Wochenende hinsetzen und üben." Hat das Thema Schule einen zu starken Einfluß auf die Erziehung, fühlen sich Kinder erpresst und gegängelt.

Wie oft kreist das Thema Schule durch den Kopf?

Wie häufig tadeln Sie Ihr Kind wegen seiner schulischen Leistungen, wie häufig loben Sie Ihr Kind?

Der Kreislauf Schule, Druck, Tadel, negatives Gefühl macht sich in einem Kind schnell breit und behindert gutes Lernen.

Ist der Tag des Kindes ganz verplant? Hat es den Raum und die Zeit, konzentriert zu arbeiten?

Raum und Zeit zur konzentrierten Arbeit ist eine Grundvoraussetzung, um ungestört seine Hausaufgaben machen zu können. Dies wird einem Kind nicht gelingen, wenn es von einem Termin zum anderen hetzt.

Konzentriert arbeiten kann ein Kind nur dann, wenn ihm nicht ständig jemand über die Schultern schaut und ihm sagt, ob es gut oder schlecht schreibt. Deshalb ist es besser, wenn Kinder statt in der Küche, in ihrem Zimmer die Hausaufgaben erledigen.

Veränderungsplan

1. Fehlt meinem Kind ausreichend Zeit, um seine Hausaufgaben zu erledigen, werde ich den Alltag systematisch durchgehen, um herauszufinden, welcher feste Termin gestrichen werden kann. Es ist hierbei wichtig, mein Kind wesentlich mitentscheiden zu lassen.

2. Fehlt in unserer Familie genügend positive Zuwendung, achte ich darauf, auch Kleinigkeiten zu bemerken? Ich achte auf gegenseitiges Interesse, indem ich auch von mir erzähle. Ich werde Lob so aussprechen, dass es wie ein Lob klingt. „Ich habe mich darüber gefreut, dass du den Frühstückstisch abgeräumt hast," zeigt einem Kind mehr Anerkennung für die Ausführung, als: „Endlich hast du verstanden, dass ich nicht alleine für den Frühstückstisch verantwortlich bin."

3. Ich achte darauf, dass ich mich nicht gänzlich für die Schulaufgaben, für die Klassenarbeiten, für die schulischen Leistungen meines Kindes verantwortlich fühle. Ich kann ihm behilflich sein, wenn es mich braucht und ich werde eingreifen, wenn es seine Verantwortung nicht ernst nimmt, aber es ist nicht nötig, jede Hausaufgabe zu kontrollieren.

4. Ich lasse mein Kind mitbestimmen, wann die beste Zeit ist, Hausaufgaben zu machen. Stelle ich fest, dass die Hausaufgaben im übermüdeten Zustand verrichtet wurden, werde ich mit meinem Kind über einen besseren Zeitpunkt sprechen.

5. Wenn ich mit meinem Kind nur unter Druck üben kann, suche ich eine Nachhilfe.
Vielleicht hat mein Kind Unterstützung nötig. Wenn ich mit ihm arbeite, gibt es jedesmal Streit und Tränen, unser Verhältnis leidet darunter. Bei länger andauernden schulischen Schwierigkeiten ist es sinnvoll, wenn eine Nachhilfe gesucht wird.

Kinder geben ihre Stimmung gerne in die Verantwortung ihrer Eltern und Erzieher

Ein Kind, das gewohnt ist, dass seine Mutter viele Einfälle hat, wenn es sich gelangweilt vor sie hinsetzt, oder ein Kind, dessen Vater das Bild für den Kunstunterricht zu Ende malt, weil es quengelig am Küchentisch hängt, wird lernen, wie einfach es ist, Verantwortung für seine Gefühle abzugeben. Hat ein Kind erst mal diese Erfahrung gemacht, wird es bei vielen Gelegenheiten so handeln. Es wird bei nicht geschafften Arbeiten, bei nicht Erledigung der Hausarbeit und ähnlichen Situationen die Verantwortung auf Eltern, Lehrer und Mitschüler abgeben. Die Klasse war zu laut, die Lehrerin zu leise. Die Mama hat vergessen den Zeichenblock zu kaufen.

Ein quengelndes Kind braucht die Möglichkeit, sich selbst aus dieser Stimmung herauszuholen

Die fünfjährige Miriam kommt mittags oft müde und quengelig aus dem Kindergarten. Sie ist gewohnt, dass ihre Mutter versucht, sie aus dieser Stimmung herauszuholen, sie braucht sich nicht zusammenzureißen, sie läßt sich überraschen, was Mama sich wieder einfallen läßt. Wie soll sie lernen, angemessen mit ihrer Laune umzugehen, wenn ihr die Erfahrung fehlt?
 Kinder brauchen die Möglichkeit, ihre Stimmung ausleben zu können, ohne dass sie eine Lösung erhalten. Manchmal quengelt ein Kind aus einer übermüdeten Laune heraus, schimpft über alles und jenes, vielleicht weil es durch den aufregenden Kindergartentag überreizt ist. Eine halbe Stunde später ist die negative Stimmung verflogen, die Welt ist wieder in Ordnung. Jedes Kind hat das Recht, selbständig aus dieser Stimmung herauszukommen. Eltern sollten keinen kleinen Tyrannen erziehen, weil sie zuviel Verantwortung tragen.

Zur Grundlage für ein ausgeprägtes Selbstwertgefühl gehört, dass sich ein Kind seiner Handlungsfähigkeit bewußt ist, dass es gelernt hat, mit Frustration, mit seiner Stimmung umzugehen. Ein Kind, dass diese Fähigkeit besitzt, wird nicht toben, wenn es eine Grenze gesetzt bekommt. Es wird Entscheidungen treffen können, wenn es verschiedene Wahlmöglichkeiten hat, ohne ständigen Zweifel, ob es sich um die richtige handelt.

Es wird zu dem, was es tut, stehen können. Hat es Fehler begangen, gelingt es ihm, diese ohne große Umschweife zuzugeben, es steht zu seiner Handlung.

Kinder, deren Eltern nur all zu schnell eine Lösung, einen Ausweg bieten, hemmen die Selbstwertentwicklung ihres Kindes in Bezug auf seine Entscheidungsfähigkeit.

Auch Eltern, die sehr darauf bedacht sind, ihren Kindern unangenehme Situationen abzunehmen, erziehen sie zu passiven Erwachsenen. Sie werden nach dem Motto leben: „ Andere sind für meine Stimmung verantwortlich, für mein Wohlbefinden, für meinen beruflichen Erfolg.“

Zurückhaltende Kinder
bekommen oft Mitleid

Leidet ein Kind unter sozialen Konflikten, gehört zur unterstützenden Einstellung, dass wir an seine Stärke, sein Durchsetzungsvermögen und an seine Fähigkeiten glauben. Bekommt es schon im Kleinkindalter statt unser Mitleid, unser Vertrauen in seine Stärke, wenn es in Konflikten steckt, begleiten wir es auf dem Weg, eine starke Persönlichkeit zu werden. Kein Kind wird als hilfloses Opfer geboren.

Mitleid macht schwach. Mitleid wird in den meisten Fällen als persönliche Niederlage, als Entmutigung empfunden.

Gebe ich einem Kind das Gefühl, dass es beschützt werden muß vor seiner Umwelt, indem ich schnell in seine Konflikte eingreife, bringe ich es dadurch in die Opferrolle.

Dirks Mutter kam in die Praxis, sie wirkte sehr angespannt. Sie litt darunter, dass ihr fünfjähriger Sohn sich bei Auseinandersetzungen nicht wehrte und ein ausgesprochen ängstliches Kind war.

„Dirk kann sich so schlecht wehren, im Kindergarten steht er außen vor und guckt den anderen Kindern beim Spielen zu, auf dem Spielplatz beobachtet er die anderen Kinder, läßt sich sein Spielzeug wegnehmen, ohne sich zu wehren. Wenn ich daran denke, dass er bald eingeschult wird, bekomme ich regelrecht Ängste. Ich werde vor der Einschulung mit seiner Lehrerin sprechen, damit sie ein Auge darauf hat, dass Dirk nicht ausgeschlossen wird.“

Diese Einstellung wird jedem Kind zum Verhängnis. Der Weg zum Schwachsein ist geebnet. Die ganze Ausrichtung geht dahin, dass Dirk schwach ist, sich nicht wehren kann. Er bekommt das Gefühl, dass er ohne Unterstützung seiner Mutter „untergeht.“

Eltern, deren Erziehungsansatz so ausgerichtet ist, dass sie ihr Kind vor seiner Umwelt schützen möchten, sind in den meisten Fällen selbst schnell verletzlich und möchten ihr Kind davor bewahren, dass ihm Schaden zugefügt wird. Hier nimmt der ängstliche Elternteil sich allerdings wichtiger, als sein Kind. Steht hinter meiner Erziehung meine eigene Verletzbarkeit, die ich für mein Kind ausräumen möchte, wird es in den seltensten Fällen gelingen, ganz im Gegenteil. Kinder, die mit diesem Erziehungsansatz aufwachsen, sind mindestens genauso schnell verletzbar, wie ihre Eltern.

Es ist ein Unterschied, ob ich meinem Kind die Chance gebe, seine Stärke, sein Durchsetzungsvermögen zu ergründen und dann eingreife, wenn ich sehe, dass es überfordert ist, oder ob ich mich bei aufkommenden Konflikten im Vorhinein schon klärend und behütend in den Vordergrund stelle.

Durch dieses Verhalten unterbindet der Erwachsene das Recht des Kindes auf Achtung der eigenen Fähigkeit, mit der Situation selbst fertig werden zu können. Unser Kind hat das Recht auf seine eigene Konfliktbewältigung. Es hat das Recht, sich beispielsweise dafür zu entscheiden, nicht mitzuspielen, es ist seine eigene Angelegenheit. Nehmen Erwachsene ihm dieses Recht, nehmen sie ihm gleichzeitig das Recht, sich weiterzuentwickeln. Es bekommt nicht die Chance, seine Überwindungskräfte kennen zu lernen, weil es sich aus Langeweile doch entscheidet, mitspielen zu wollen. Es handelt dabei ohne Druck von außen, ohne das Gefühl zu spüren, wenn ich mich ausgrenze, verhalte ich mich schwach, meine Eltern mögen das nicht und möchten, dass ich mich anders verhalte.

Eltern sollten überlegen, welchen Druck sie auf ihre Kinder ausüben, in dem sie ihr Verhalten kritisieren und anderes Verhalten fordern. „Stell dich nicht so an, auch wenn du geärgert wurdest, kannst du doch noch mitspielen."

In vielen Situationen sind Eltern sehr selbstbezogen, handelten sie kindbezogen, müßten sie sein Recht auf Selbstentscheidung achten, auch wenn es nicht ihre Entscheidung ist.

Mein Kind ist mit Streitsituationen überfordert

Dirks Mutter stellte fest, dass Dirk auf die Frage seiner Freunde bereit war, sein Spielzeug auch dann abzugeben, wenn er mitten im schönsten Spiel war. Er verzichtete aber darauf, Forderungen im Gegenzug an seine Freunde zu stellen. Bei Auseinandersetzungen zog er sich resigniert zurück, er war nicht bereit, sich zu verteidigen, es schien, als sei er mit Konflikten überfordert. Die Reaktion von Dirks Mutter auf sein Verhalten sah so aus, dass sie ihn beschützte, ihn abschirmte, ihm die Möglichkeit der Auseinandersetzung abnahm. Wenn Dirks Mutter zu erkennen beginnt, dass Dirk auch Stärke besitzt, die unterstützt werden muss, indem sie ihm die Achtung entgegenbringt, ihm zu vertrauen, wird er in kleinen Schritten Selbstvertrauen finden und Abstand von seiner Ängstlichkeit nehmen.

Der vierjährige Sebastian, der im Umgang mit Kindern ängstlich ist, hört von seiner Mutter auf dem Spielplatz häufig. „Bleib hier in meiner Nähe, du siehst doch, dass die Kinder dort drüben wild spielen."

Kommen Kinder auf Sebastian zu, tritt seine Mutter nahe an seine Seite, sie macht durch ihre Anwesenheit unmöglich, dass Sebastian sich mit Gleichaltrigen auseinander zu setzen lernt. Er lernt viel mehr, „du bist nicht so stark, dass du anderen Kindern gewachsen bist, bleib bei mir, denn ich gebe dir diese Stärke, ich beschütze dich." Damit wird Sebastians Angst verstärkt.

Sind Eltern in der Lage, ängstliche Verhaltensweisen zu ignorieren, und sich auf die Stärke ihres Kindes zu konzentrieren, wird es ihm bald möglich sein, sein Verhalten zu verändern.

Verhaltensauffälligkeiten ignorieren
Als Beispiel Ängstlichkeit

Scham oder Angstgefühle wird ein Kind nicht ablegen, wenn es immer wieder darauf hingewiesen wird. Wird ängstliches Verhalten von Erwachsenen ignoriert und statt dessen die Ich- Stärke des Kindes gefördert, wird es an sich glauben können und sein Verhalten zum Positiven verändern.

Annas Mutter ist temperamentvoll und versucht ihre Tochter zu lautem, zügigem Sprechen zu bewegen. Jedes mal, wenn Anna zu langsam oder zu leise spricht, zögert die Mutter nicht lange und spricht für ihr Kind.

„Anna, sprich doch etwas lauter und schau Frau Höppner dabei an, statt dich hinter meinem Rücken zu verstecken."

Anna schaut auf eine Frage, die ihr gestellt wird, mittlerweile ihre Mutter an, denn Anna weiß, Mama ist schneller, sie antwortet für mich. Ich brauche mir nicht die Blöße zu geben, wenn ich eine falsche Antwort gebe. Mit der Zeit dauert es immer länger, bis eine Antwort von Anna kommt.

Anna ist auch sonst ein zurückhaltendes Kind. Wird sie von Gleichaltrigen gefragt, was sie spielen möchte, antwortet sie mit „ist mir egal". Sie ist eher Zuschauerin am Rande einer Spielgruppe. Wird sie zum Mitspielen aufgefordert, geht sie manchmal darauf ein, zeigt sich aber schüchtern. Die Mutter erklärt Anna auf dem Hinweg vom Spielplatz, dass bald niemand mehr mit ihr spielen wird, wenn sie sich so zickig anstellt.

Durch solche oder ähnliche Ermahnungen wird die Ängstlichkeit des Kindes verstärkt. „Du sollst dich nicht so schüchtern anstellen, du könntest auch mal etwas schneller denken, du musst lauter sprechen."

„Du musst einfach anders sein, als du bist," kommt für Annas Verständnis rüber. Wie sollte es Anna möglich sein, an sich zu glauben, sich positiv sehen zu können. Sie hat das Gefühl der Überforderung. Ihr Selbstbild ist negativ; damit wird ihr Selbstvertrauen immer geringer.

Annas Mutter muss aushalten, wenn ihr Kind nicht schnell antwortet, sie muss zudem aushalten, wenn Anna beim Spielen nur am Rande zuschaut. Durch Druck wird Anna nur momentan nach dem Wunsch der Mutter handeln. Hat ein Kind sich an den Druck der Mutter gewöhnt, wird es sich ohne Ansporn der Mutter bald immer mehr zurückhalten. Solche eingefahrenen Situationen brauchen mitunter viel Zeit, um wieder in den Normalbereich zu kommen, aber sie brauchten auch viel Zeit, um dorthin zu kommen, deshalb ist Geduld angesagt. Besonders ängstliche Kinder brauchen unbedingt das Gefühl der Annahme. „So wie ich bin, bin ich in Ordnung," damit sie sich in ihrer Persönlichkeit entwickeln können. Achten Sie auf positive Aussagen.

Gedanken beeinflussen unsere Gefühle, nicht umgekehrt. In der Entspannungstechnik Autogenes Training wird damit gearbeitet. Hier wird deutlich, dass und wie Gedanken den Körper beeinflussen. Alles, was im Körper an Regung gespürt wird, wurde vorher gedacht und nicht umgekehrt. Negative Aussagen wie, du bist so eine Transuse, andere werden dir immer voraus sein, werden im Gehirn gespeichert, viele bleiben unterhalb der Bewußtseinsschwelle und bestimmen von hier aus das Verhalten.

Auch das ängstliche Kind im Sandkasten, dass sich seine Spielsachen ohne weiteres abnehmen läßt und sich kaum wehrt, braucht positive Unterstützung. Ihm deutlich zu machen, wie ängstlich es ist und wie mutig oder frech andere Kinder sind, wird ihm nicht helfen.

Unterstützen können Sie ein ängstliches Kind, indem Sie über Gespräche mit ihm erfahren, wie seine Gefühle tatsächlich sind.

Achten Sie bei einer Auseinandersetzung mit anderen Kindern auf seine Körpersprache: Wie blickt Ihr Kind? Wirkt es angespannt, ängstlich, ausweichend, oder vielleicht sogar eher interessiert. Will es seine Wirkung auf andere kennenlernen?

Verspürt es Traurigkeit, Wut, Angst, oder normale Anspannung, die bei Konflikten normal ist? Auch Erwachsene führen kein Streitgespräch ohne körperliche Anspannung. Manche Eltern mißverstehen diese gespannte Körperhaltung ihrer Kinder und verwechseln sie mit ängstlicher Ausdrucksweise. Greifen Eltern ein, nehmen sie ihrem Kind damit die Möglichkeit, seine Wirkung auf andere kennen zu lernen. Häufig kommen Eltern in die Beratung, fassungslos über die heutige Umgehensweise der Schüler miteinander. Sie behaupten, dass ihre Kinder unglücklich in der Schule seien und Angst vor den Klassenkameraden hätten. Auf die Frage, woran sie das merkten, erzählen sie Vorfälle, die sich tatsächlich beängstigend anhören. Im Gespräch mit dem Kind lasse ich mir diese Geschichte noch einmal erzählen. Ich achte dabei auf die Körpersprache und die Ausdrucksform. Ich bringe dies zur Sprache, indem ich sage, was ich höre und sehe.

„Andreas, du erzählst eine Begebenheit, die sich ganz schön gefährlich anhört. Du wirkst dabei nicht bedrückt, eher mutig und sogar stolz." „Bin ich ja auch, ich hatte zwar auch Angst, aber ich wußte, meine drei Freunde hätten mir auf jeden Fall geholfen, wenn ich sie gerufen hätte. Sie standen ja dabei und haben mich gefragt, ob sie es sollten. Aber ich bin alleine mit dem Angeber fertig geworden." Andreas` Eltern brachten die Besorgnis, Angst und Unsicherheit während der Erzählung mit hinein, die bei Andreas fehlte. In einem gemeinsamen Gespräch wurde diese unterschiedliche Sichtweise angesprochen. Andreas` Eltern wirkten konfus.

Andreas` Mutter drängte: „Du kannst doch zugeben, dass du Angst hattest, du hast doch Papa am Abend noch gefragt, ob er dir Tricks beibringen kann, weil dieser Junge dir vielleicht am nächsten Morgen auflauert."

Andreas: „Ich wollte nur ein paar Tricks beigebracht bekommen, nicht weil ich aus Angst gebibbert habe, sondern weil ich ihm zeigen wollte, dass ich alleine mit ihm fertig werde. Die anderen aus meiner Klasse hätten mir sowieso geholfen, wenn ich Hilfe gebraucht hätte. Du verstehst nie, wenn ich dir sage, dass ich keine Angst habe, ich werde dir nichts mehr erzählen, du siehst in mir doch sowieso nur den Schwächling."

Andreas hat gelernt mit den Ängsten seiner Mutter umzugehen, ohne dass er dadurch selbst ängstlich geworden ist. Allerdings ist er seiner Mutter gegenüber sehr zurückhaltend, er fühlt sich durch die Ängste seiner Mutter nicht ernst genommen. In weiteren Sitzungen kam heraus, dass er Distanz zu seiner Mutter sucht, weil er befürchtet, dass sie ein „Weichei" aus ihm macht. „Ich erzähle ihr nur noch das Nötigste."

Aus der Angst heraus, ihre Kinder wollten ihnen ihre Angst nicht zeigen, könnten leiden, glauben viele Eltern den Ausführungen ihrer Kinder nicht. Vertrauen Sie Ihrem Kind, dass es das, was es gesagt hat, auch gefühlt hat.

Die sich selbst erfüllende Prophezeiung

Hinter einem ängstlichen Kind stehen häufig überbesorgte Eltern.
Einem ängstlichen, eher zurückhaltenden Kind kann geholfen werden, indem auf Fragen: „Wie war es im Kindergarten, hat dich jemand geärgert, oder haben dich die anderen Kinder mitspielen lassen," verzichtet wird. Ein Kind, dass häufig gefragt wird, ob es geärgert, geschlagen, ausgeschlossen wird, lernt, dass Sie davon ausgehen, dass dies passiert. Mit diesem Gefühl wird es anderen kritisch entgegentreten und befangen sein, wenn es beispielsweise nicht mitspielen darf. Anstatt noch einmal zu fragen, ob es mitspielen kann, wird es sich, sensibel gemacht durch die Ausrichtung auf die bedrohliche Welt, lieber zurückziehen.
Erzählt Ihnen Ihr Kind, dass es nirgendwo mitspielen durfte, hören Sie zu, und finden Sie heraus, aus welchem Grunde Ihr Kind nicht mitspielen durfte. Hatte es vorher Streit gegeben, spielte vorher schon eine feste Gruppe miteinander oder schildert Ihr Kind lediglich einen kurzen Moment.

Überbesorgte Eltern

Überbesorgte Eltern sind daran zu erkennen, dass sie Angst haben, ihr Kind durch die Erziehung zu überfordern.
Sie sprechen mit ihrem Dreijährigen minutenlang darüber, dass es doch anderen nicht die Spielsachen abnehmen darf. Später im Geschäft gehen sie auf den Wunsch des Kindes nach einer Süßigkeit wiederum mit ausführlichen Erklärungen auf die Forderung ein. Zu häufige und lange Erläuterungen von Sachverhalten überfordern ein Kind. Aus Angst zu diktierend auf ihr Kind zu wirken, wird dieses mit viel zu langen Erklärungen konfrontiert.
Jedes Wort, das schon so oft gesprochen wurde, das keine Wirkung hat, ist überflüssig. Es ist kein Ausdruck der persönlichen Beziehung, wenn einem Kind lange Erklärungen abgegeben werden, es zeigt vielmehr eine Spannung, es zeigt Ärger oder den Wunsch zu beeinflussen. Manchmal zeigt es auch die Mißachtung des Alters. Kinder müssen altersgerecht behandelt werden. Wenn Sie einem achtjährigen Kind immer noch die Gefahren des Straßenverkehrs im Detail erklären, wird es nicht mehr zuhören, es kennt sie schon in- und auswendig. Wir müssen aufhören zu sprechen, wenn unser Kind nicht mehr aufnahmebereit ist. Wir sollten aufhören Erklärungen

ständig zu wiederholen, wir übersehen damit die Aufnahmebereitschaft unseres Kindes und belasten dadurch die Beziehung zu ihm.

Eltern, die über Freunde schimpfen, weil sie nicht aushalten können, dass ihr Kind Konflikte erfährt, belasten die Persönlichkeitsentwicklung und die Beziehung zu ihrem Kind. Sie lehren ihr Kind, dass andere Menschen Verantwortung für sein Wohlbefinden übernommen haben. Die Einstellung, die ein Kind dadurch erfährt, dass es von der guten Laune, von der Aufmerksamkeit und der Willkür anderer abhängig ist, führt später zu gestörten Beziehungen.

Olafs Mutter fiel es jeden Morgen schwer, wenn sie Olaf in den Kindergarten brachte. Sie machte sich Gedanken über Olafs Wohlbefinden. „Hoffentlich geht es ihm gut, hoffentlich gibt es keine Rangelei, hoffentlich steht er nicht allein in der Ecke herum." Immer wieder verunsicherte sie Olaf im Umgang mit anderen.

Verzichten Eltern auf übertriebenes Mitgefühl, wird ihr Kind sich nicht in eine passive Rolle gesetzt fühlen. Es wird lernen, dass es seine Situation maßgeblich verändern kann. Wird es ausgestoßen, kann es sich entscheiden, traurig am Rande stehen zu bleiben oder nach kurzer Enttäuschung einem anderen Spiel mit anderen Kindern zu folgen. Ersetzen Erwachsene ihr Mitleid durch Zuspruch, unterstützen sie ein Kind, in die aktive Rolle zu gehen.

Reagieren sie mit übertriebenem Mitleid dem eigenen und Aggressionen den anderen Kindern gegenüber, so hemmen sie den Aufbau der Mitverantwortung in einer Beziehung. Ihr Kind wird sich im Recht fühlen, ohne Gedanken zuzulassen, ob es nicht zumindest eine geringe Mitschuld am Streit hat.

Petra kommt aus dem Kindergarten und berichtet mittags traurig, dass sie nie wieder in den Kindergarten gehen wird. „Die sind alle blöd, keiner kann mich leiden, die schlagen und ärgern mich."
Häufig reagieren Eltern auf solche Geschichten mit geballtem Groll auf die anderen Kinder. Sie werden beschimpft, ihnen wird die ganze Schuld zugewiesen und die beste Freundin wird ihren Titel „beste Freundin" verlieren. „Sie soll eine gute Freundin sein? Sie hält nicht einmal zu dir, wenn du sie brauchst."

Diese Art des in Schutz nehmen zeigt einem Kind, dass seine Eltern Angst haben, dass es diesem Streit nicht gewachsen ist. Es spürt, dass es nicht ihr Vertrauen hat. Wie soll es Selbstvertrauen entwickeln, wenn ihm die Grundlage entzogen wird, die ihm über das Vertrauen seiner Eltern gegeben werden kann.

Ein Kind kann unterscheiden zwischen Souveränität oder Aussagen, die in Wut gesprochen werden.

„Da habt ihr euch ja mächtig gestritten, du hattest deshalb sicherlich nicht so viel Spaß in der Schule." In dieser Aussage steckt die unterschwellige Botschaft: „ Es tut mir leid, dass ihr Streit habt, aber ich vertraue dir, dass du mit diesem Streit umgehen kannst."

In der Aussage: „Wenn der dich noch einmal anfasst, dann werde ich ihm Bescheid geben," steckt Wut und Angst darüber, dass mein Kind sich nicht wehren kann.

Ängste beinhalten die übersteigerte Sicht ins Negative, die vom Kind übernommen wird, wenn es das nur allzu häufig erfährt. Es wird dadurch eingeschränkt werden, Lösungswege zu finden, die vernünftig und hilfreich sind, mit denen es weiterkommt.

Antwortet eine Mutter durch aktives Zuhören auf die Information ihrer Tochter: „Heute war der Kindergarten blöd," kommt es zu der Erkenntnis, dass Gefühle sich schnell verändern können.

„Heute hat es dir wohl nicht gefallen."

„Bettina hat mich nicht mit in den Spielkeller genommen, sie will nur noch mit Sandra spielen."

„ Du fühltest dich ausgestoßen."

Wer sich seine Kommentare verkneift, und einfach nur das Gehörte rückmeldet, erhält wichtige Informationen und gibt dem Kind die Möglichkeit weiterzudenken. Kinder, die gewohnt sind erzählen zu können, ohne ständig Ratschläge und Kommentare zu erhalten, lernen selbständig ihre Probleme zu bearbeiten.

Wie funktioniert Aktives Zuhören

Die Grundvoraussetzung ist, dass das, was gehört wird, angenommen, nicht weg argumentiert oder diskutiert wird.
Das was ich höre, nehme ich an, ohne gleich überlegen zu müssen, welchen Rat ich geben muß.
Danach versucht der Zuhörer zu verstehen, was genau und wieso das Kind die Situation so empfindet. Schließlich antwortet der Erwachsene, in dem er mit anderen Worten das Gehörte zurückgibt.
Es bedarf einer kurzen Umgewöhnungszeit. Dazu gehört, dass Eltern erkennen, dass Kinder in den wenigsten Fällen tatsächlich den Rat der Eltern annehmen, er verunsichert vielmehr.

„Wenn Tim dich noch einmal ärgert, musst du ihn fragen, ob er die Legoburg genauso gut wie du aufbauen kann." Philipp, der diesen Ratschlag von seinem Vater bekam, weiß, dass er das auf gar keinen Fall fragen wird, aber das wird er Papa nicht verraten. Schade, dass Papa nicht einfach zuhört; Philipp, weiß, womit er Tim wirklich ärgern kann. Er will Papa nur erzählen, wie gemein er Tim findet. Aber Papa unterbricht mit „guten" Ratschlägen.

Bei Frederick, der in meine Praxis kam und ein Selbstsicherheitstraining bei mir machte, kam heraus, dass er durch Aussagen seines Vaters: „Du musst schneller schlagen als der andere, du darfst dir nichts bieten lassen, verunsichert war. Er besaß eine andere Stärke, eine stille Methode sich zu helfen, ihm wurde nur nicht wirklich zugehört, wenn er davon erzählte. Über aktives Zuhören wäre es seinem Vater gelungen, Fredericks Stärke herauszuhören, stattdessen gab er ihm das Gefühl ein Schwächling zu sein.

Benedikts Mutter klärt die Situation über Aktives Zuhören

Benedikt kommt aus dem Kindergarten und sagt wütend, dass er nie wieder in den Kindergarten geht.
Hier braucht Benedikt keine Erklärungen wie: „ Aber im Kindergarten ist es doch schön, alle Kinder gehen in den Kindergarten, denk doch nur an deine Freunde."
Es handelt sich bei Benedikt um eine spontane Aussage, die angenommen, nicht wegdiskutiert werden sollte. Jedes Kind hat ein Recht auf sein Gefühl.

Sinn des aktiven Zuhörens wäre hier herauszufinden, weshalb Benedikt sich momentan so fühlt.

„Du möchtest gar nicht mehr dort hin gehen."

„Nein, der Sebastian ärgert mich immer."

Benedikts Mutter fasst die beiden Aussagen zusammen, um noch näheres zu erfahren. Sie vermeidet, über Sebastian herzuziehen oder Ratschläge zu benennen, wie es möglich ist, mit Sebastian fertig zu werden.

Jedes Kind braucht die Chance, dies alleine herauszufinden, denn nur das gibt ihm Stärke.

„Du möchtest nicht mehr in den Kindergarten, weil Sebastian dich ärgert."

Sie verzichtet auf Warum-Fragen; es sind Sackgassen-Fragen, darum ist die häufigste Antwort darauf.

„Warum hat dich Sebastian geärgert." „Darum."

Seine Mutter weiß, wenn sie von Benedikt mehr erfahren möchte, sollte sie auf dieses Fragewort verzichten, um die Unterhaltung fortzuführen: „ Was ist vorgefallen, wie hat er dich geärgert, was passierte davor?" Sie achtet weiterhin darauf, Sebastian nicht zu kritisieren und Benedikt nicht aufzufordern, Sebastian anzurufen um sich mit ihm zu vertragen.

Geben Sie einem Kind die Chance, selber herauszufinden, ob und wann es sich mit seinem Widersacher vertragen möchte. Es ist schon stark und intelligent genug, um auf solch einen Gedanken zu kommen. Jedes Kind braucht die Chance zur Eigenverantwortung.

Zuerst einmal wird es eine neue Situation darstellen, jemandem zuzuhören, ohne gleich Erklärungen und Ratschläge ins Gespräch mit einzubringen. Diese Art des Zuhörens gibt dem Kind die Möglichkeit seine Gefühle zu akzeptieren, es erlebt die Annahme seiner Aussage.

Ich erinnere mich daran, dass unser älterer Sohn unseren Jüngeren schüttelte und anschrie. Ich unterbrach das Geschehen, indem ich beide auseinander brachte. Der Ältere schimpfte und weinte über seinen Bruder. Ich hörte ihm zu und antwortete: „Du hast dich sehr über deinen Bruder geärgert." Ich wollte es selbst nicht glauben, aber er schaute mich an, hörte auf zu weinen, sagte ja und ging in sein Zimmer. Alleine durch die Annahme erfährt ein Kind positive Gefühle.

Kurzes aktives Zuhören gibt das Gefühl der Nähe. Hören Sie den ganzen Tag nebenbei zu, wird Ihr Kind wohl kaum das Gefühl des Angenommenwerdens bekommen.

Manche Eltern haben Angst, dass sie überfordert sind, wenn ihr Kind ihnen ein Problem erzählen möchte. Sie reagieren mit Zurückhaltung. „Da muß mein Kind selbst durch, ich kann ihm nicht immer zur Seite stehen. Ich habe auch nicht für alles eine Antwort." Das verlangt Ihr Kind auch gar nicht. Hören Sie einfach nur zu.

Ein guter Zuhörer hat nicht immer Ratschläge zur Hand. Fühlen Sie sich nicht verpflichtet, ständig Vorschläge und Problemlösungen zu haben. Das ist nicht das, was Ihr Kind braucht. Hören Sie ihm wirklich zu, stellen Sie ihm Fragen, die Türöffner sind, die zeigen, dass sie wirklich parteilos mehr über die Sache wissen wollen. Seien Sie in erster Linie interessiert daran, was Ihr Kind Ihnen erzählt. Vielleicht wird Ihnen so manch eine gute Geschichte entgangen sein, die Ihr Kind Ihnen phantasievoll erzählt hat. Über aktives Zuhören schaffen Sie eine Atmosphäre der Nähe und Vertrautheit.

Findet aktives Zuhören mit versteckter Absicht statt, handelt es sich nicht wirklich um aktives Zuhören. Um subtilen Einfluß zu nehmen, ist dies das falsche Instrument

Florians Mutter versucht, Florian vom Spielplatz „wegzulotsen".
„ Komm, laß uns gehen. Papa kommt gleich, wir müssen noch Abendbrot essen, dann willst du noch eine Geschichte vorgelesen bekommen." „Nein, jetzt noch nicht, heute ist Sebastian hier und wir wollen Fußballspielen."
Florians Mutter versucht es jetzt mit aktivem Zuhören: „Du hast noch keine Lust nach Hause zu gehen."
„Ich möchte noch mit dem Sebastian gegen Olli und Roman Fußballspielen."
„Du möchtest jetzt viel lieber hier bleiben. Das verstehe ich, es geht aber nicht." „Nur noch ein bisschen."
„Nein, hättest du nicht so lange hier rumgeredet, mein Lieber, dann hättest du in der Zeit noch spielen können."
Nach langem hin und her, wird Sebastians Mutter wütend: „Jetzt ist Schluss, wir müssen nach Hause gehen und zwar sofort."

Aktives Zuhören ist geeignet um den, der mir etwas erzählen, erklären möchte, besser verstehen zu können

Richtig verstehen kann nur, wer richtig zuhört. Hierzu ist es nicht nötig Kommentare abzugeben, Erklärungen und Ratschläge zu erteilen. Die bloße Rückmeldung des Gehörten vermittelt dem Gegenüber: „Ich möchte dich verstehen." Dadurch ist es für den, der erzählt möglich weiterzudenken.

Hören Sie zu, ohne Interpretation und ohne Ihre eigene Meinung loszuwerden. Sie können nachfragen, um die Situation besser verstehen zu können, aber nicht um Lösungen und Richtersprüche zu bringen.

„Du durftest nirgendwo mitspielen, also auch nicht im Hof und während des Stuhlkreises."
Klären Sie Worte wie nie, immer, etc.
„Doch, aber als Petra und Bettina in der Puppenecke gespielt haben, wollten sie mich nicht dabei haben."
„Du fühltest dich von den beiden ausgestoßen."
„Ja, nur weil ich Bettina vorher nicht beim Seilspringen habe mitmachen lassen."
„Da habt ihr euch ja heute beide übereinander geärgert."
„Ja, Bettina ist doof."
Lassen Sie Ihr Kind nicht dadurch in die Opferrolle gehen, weil Sie nicht aushalten können, wenn ihm „Unrecht" getan wird.
Dieser Dialog hätte auch so aussehen können:

„Du durftest nirgendwo mitspielen, das finde ich aber gemein. Wieso hat Frau Mohn nicht eingegriffen und geschimpft, wenn du ausgestoßen wirst?"
„Sie hat das ja nicht gesehen. Aber nur weil ich Bettina vorher nicht beim Seilspringen mit machen gelassen habe, hat sie gesagt, dass ich nicht mit in die Puppenecke darf."
„Ja, das ist typisch für Bettina, sie muß alles bestimmen und wenn es nicht nach ihrer Nase geht, dann wird sie zickig. Das nächste mal gehst du gleich zu Frau Mohn und erzählst ihr davon, wenn du ausgestoßen wirst. Du warst sicherlich sehr traurig."

Setzen Sie vielmehr das Vertrauen in Ihr Kind, dass es sich wehren kann: „Mein Kind hat die Fähigkeit sich zu wehren, fühlt es sich überfordert, wird es sich von uns Hilfe holen, wir werden dann gemeinsam nach Möglichkeiten suchen."

Es ist auch wichtig, einem Kind glauben zu schenken, dass es sich nicht geärgert hat, wenn es von einer Situation erzählt, bei der Ihnen der Ärger in den Nacken steigt.

Es kann sein, dass ein Kind sich nicht ärgert, wenn es die Schaufel weggenommen bekommt, seine Mutter aber greift in das Geschehen ein. Sie erkennt nicht, dass ihr Kind das Verhalten des anderen Kindes vielleicht beobachtet, um später genauso zu handeln. Hier werden häufig Fehler von Seiten der Eltern begangen, die sich einmischen, ohne zu erkennen, dass ihr Kind sich über die Situation gar nicht ärgert. Es gibt eine ganze Reihe von beobachtenden Kindern, die so beschäftigt sind mit Zuschauen, dass sie darüber ihre Aggression vergessen, die dazu führen würde, das Weggenommene zurückzuerobern.

Jens sitzt in der Spielecke und Richard, den er sehr bewundert, nimmt Jens das Spielzeug fort, ohne zu fragen. Jens schaut verdutzt, aber er wirkt nicht wütend. Es hindert ihn nicht am Weiterspielen.

Natürlich können Eltern und Erzieher Einhalt gebieten, indem sie das Kind, das das Spielzeug fortnimmt, daran erinnern, dass es zuerst fragen soll, wenn es ein Spielzeug haben möchte. Auf gar keinen Fall, sollte aber anklagend auf das Kind eingewirkt werden, das die Handlung zugelassen hat. „Wieso wehrst du dich nicht, du kannst dir doch nicht einfach die Schaufel wegnehmen lassen, du musst dich wehren, wenn dir etwas abgenommen wird." So bekommt ein Kind die Selbsteinschätzung: „"Mit meinem Gefühl stimmt etwas nicht."

Kinder, die oft genug gehört haben, du mußt dich wehren, sich aber nicht trauen, schämen sich vielleicht dafür, dass sie nicht stark genug sind, um sich durchzusetzen. „Hau doch zurück, laß dir nichts gefallen," verunsichert statt zu helfen.

Achten Sie auf die Körperhaltung, den Gesichtsausdruck Ihres Kindes. Darüber wird schnell sichtbar, ob es wirklich ängstlich guckt, überrascht oder interessiert ist. Gehört ein Kind zu denen, die langsam und bedacht auf Situationen reagieren, kann das seine Charaktereigenschaft sein. Dann ist es bedrückend, wenn es vom Kleinkindalter her kennenlernt, dass es sich falsch verhält.

Versuchen Sie einmal folgende Vorgehensweise:

Sie sehen in Ihrem Kind nicht mehr das schüchterne, zurückhaltende, sondern das Kind, das gelernt hat, selbstsicher mit anderen umzugehen. Sie werden staunen, wie schnell sich das Verhalten des Kindes dahingehend tatsächlich verändern wird.

Achten Sie auf eine unterstützende Erziehung, die beinhaltet, dass die Charaktereigenschaften eines Kindes akzeptiert werden und das beste für ein Kind dabei herausgeholt wird. Erst wenn ein Kind die Annahme seiner Person spürt, kann es sich wertvoll und sicher fühlen.

Das bedeutet auch, dass eigener Ärger nicht auf mein Kind übertragbar ist.

Vor lauter Sorge, dass ihr Kind ausgenutzt wird, sich nicht genug wehrt, glauben Eltern ihm helfen zu müssen, indem sie deutlich zeigen, wie ihr Kind auf andere wirkt, es wird als feige und schwächlich niedergemacht. „Wenn du dir dein Auto abnehmen läßt, sieht Felix sofort, dass du feige bist. Du brauchst doch keine Angst vor diesem Schwächling zu haben, das nächste Mal läßt du dir nichts mehr abnehmen." Oftmals handelt es sich um Eltern, die auf Kampf aus sind, die nach dem Lebensmotto leben: „Wer nicht aufpasst, geht unter."

Auch die Aussage „Jetzt stell dich doch nicht wieder so an und spiel mit, wenn du gefragt wirst", wird ein zurückhaltendes Kind nicht zu einem aufgeschlossenen machen. Sie lässt in einem Kind vielmehr das Gefühl hochkommen: „Ich verhalte mich falsch, Papa ist enttäuscht von mir."

Das Selbstvertrauen von Kindern wächst, wenn sie wissen, dass sie so, wie sie sind, angenommen werden.

„Ich habe den Eindruck, dass du lieber zuschauen möchtest."

Sorgen Sie für wenig Druck bei zurückhaltenden Kindern, sie brauchen Zeit und Zuversicht, kein Drängen. Ein gesundes Selbstvertrauen kann nur da entstehen, wo die Annahme der eigenen Schwäche und eigenen Emotionen erlaubt ist.

Überlegen Sie, wie häufig Sie in Ihrem Kind ein schwaches, hilfloses Kind sehen, dass Unterstützung, Druck und immer wieder neues Zureden braucht.

Machen Sie sich bewusst, dass Sie das Verhalten Ihres Kindes mit diesem Denken verstärken.

„Geh nicht zu den Kindern da drüben, die haben sich schon als Gruppe gefunden, die werden dich sehr wahrscheinlich nicht mitspielen lassen."

Auch hier wird dem Kind eine festgefahrene Rolle übertragen." Dahinter steht: Kämpfe nicht, frag nicht, nimm die Rolle, die dir gegeben wird. Sie verstärkt den Eindruck eines weinerlichen Kindes, dass es mit Rückzug und Tränen weiterkommt.

Wodurch wird ängstliches Verhalten verstärkt?

Elisa ist fünf Jahre alt. Sie hängt sehr an ihrer Mutter, sie spielt manchmal stundenlang mit Freunden in ihrem Zimmer, aber sie geht nur ungern ohne ihre Mutter zu ihren Freunden. Auch im Kindergarten gibt es immer mal wieder Abschiedstränen. Wenn die Kindergärtnerin nicht eingreift, indem sie Elisa mit in die Gruppe nimmt und der Mutter ein Zeichen gibt zu gehen, eskaliert die Situation.

Sie erkennt: Verhalte ich mich weinerlich, bekomme ich Aufmerksamkeit

Elisa zieht sich in der Gruppe weinend zurück , die Kindergärtnerin versucht sie aufzumuntern, sucht mit ihr zusammen ihr Lieblingsbuch und liest ihr vor, Elisa erfährt besondere Zuwendung.

Sie wiederholt ihr Verhalten

Elisa ärgert sich darüber, wenn ihr im Spiel die gewünschte Rolle nicht gegeben wird. Sie hat schnell gelernt, dass ihr, wenn sie sich weinend in die Ecke setzt, Zuwendung entgegengebracht wird.
Entweder von außenstehenden Kindern, die aus Mitgefühl für sie in der Gruppe die Rolle erstreiten, oder von der Kindergärtnerin.
Elisa lernt dadurch: „Aufmerksamkeit bekomme ich, wenn ich mich zurückziehe und weine."
Sie wird von der Gruppe manchmal als störend empfunden, weil sie mittlerweile schon wegen Kleinigkeiten weint. Elisa spürt das zwar, weiß aber keinen anderen Weg, als ihr Weinen zu verstärken. Damit sie damit aufhört, bekommt sie als erste die neuen Spielsachen oder sonstige Kleinigkeiten in die Hand gedrückt, sie lernt, wie sie durch verstärktes Weinen noch mehr Zuwendung erhält.

Elisa verhält sich auffällig

Die Kinder, aber auch die Erzieherin sind froh, wenn Elisa nicht weint und aus Angst vor einem neuen Ausbruch wird sie kaum zum Mitspielen aufgefordert. Sie erhält also kaum positive Zuwendung bei normalem Verhalten. Sie wird wenig aufgefordert mitzuspielen. Ist sie traurig darüber, weint sie und die Erzieherin spielt mit ihr. Sie geht extrem auf die Wünsche von Elisa ein, damit diese sich beruhigt. So lernt Elisa, mit Erwachsenen zu spielen ist viel schöner als mit Kindern.

Wenn Sie dieses Verhalten wiedererkennen, achten Sie darauf, dass Sie unangemessenes Verhalten nicht belohnen. Elisa würde in unserem Beispiel einmal morgens nach dem Abschied der Mutter nicht von der Erzieherin beachtet, wenn sie traurig ist. Sie erhält Aufmerksamkeit, wenn sie aufhört zu weinen oder interessiert zuschaut, dann erst wird sie gefragt, womit sie gerne spielen möchte. Weint sie, weil sie eine Rolle nicht erhält, wird ihr über aktives Zuhören Verständnis für Ihren Ärger gezeigt: „Du ärgerst dich, dass du nicht mitspielen darfst." Sie bekommt aber erst dann Zuwendung, wenn sie gar nicht mehr oder etwas weniger weint. Da sie langsam wieder ein Zugehörigkeitsgefühl innerhalb der Gruppe bekommen muß, braucht sie zusätzliche Unterstützung. Ihr können öfter Aufgaben gegeben werden, die sie mit einem anderen Kind ausführen muß. Sie bekommt die Sonderrolle des weinerlichen Kindes entzogen und wird schrittweise in die Gruppe geführt. Sie bekommt positive Aufmerksamkeit, wenn sie Kleinigkeiten in ihrem Verhalten verändert und wird so langsam aus ihrer festgefahrenen Rolle herausgeholt.

Ein Beobachtungsplan bei ängstlichem Verhalten könnte beispielsweise so gestaltet werden:

1. Verstärke ich schüchternes Verhalten, indem ich Aufmerksamkeit gebe, wenn mein Kind weinerlich und ängstlich ist?

2. Hat mein Kind das Gefühl, daß es ein wichtiger Teil in der Familie ist, fühlt es sich zugehörig?

3. Bekommt es genügend Körperkontakt?

4. Sitzt es in einer „festgefahrenen Rollen" in der Rolle des Schwachen, innerhalb der Familie?

5. Wird sein Individualitätsbewusstsein gefördert?

6. Wird es häufig gelobt?

7. Muss es für sein Tun Verantwortung tragen?

8. Lasse ich mein Kind in Spielen absichtlich gewinnen?

9. Erfährt es häufig statt Annahme, Aufforderung?

10. Wie häufig setze ich meine Meinung über die Meinung meines Kindes?

So fördern Sie das Selbstvertrauen, die Ich-Stärke Ihres Kindes

Damit Ihr Kind mit den Angriffen von außen umzugehen lernen kann, braucht es eine Ich-Stärke, ein gutes Selbstwertgefühl

Kinder, mit einem guten Selbstwertgefühl, sind in der Regel anderen Kindern gegenüber tolerant. Wer tolerant anderen gegenüber sein kann, dem gelingt es in der Regel auch leicht, tolerant zu sich selbst zu sein.
„Meine Antwort war jetzt nicht richtig, aber ich habe in den vorherigen Unterrichtsstunden gute Beiträge zum Unterricht geleistet."

Ein Kind mit Ich-Stärke kann nein sagen, ohne dabei verunsichert zu sein. Es weiß, dass seine Meinung wichtig ist, auch wenn sie nicht immer durchgesetzt werden kann. Es wird seine Wut und Enttäuschung zeigen, aber es wird dabei nicht toben und schreien.
Es besitzt die Fähigkeit, fair zu streiten, es ist in der Lage, in einem unfairen Streit nicht mit Angst zu reagieren.

Ein Kind braucht Selbstsicherheit und Selbstvertrauen, damit es sich zur Wehr setzen kann. Geben Sie Ihrem Kind Anerkennung und Lob. Nehmen Sie sich Zeit für Auseinandersetzungen, aber seien Sie sparsam mit unnötiger Kritik.

Doro kam mit neun Jahren in meine Praxis, sie fiel dadurch auf, dass sie ein ausgeprägt niedriges Selbstwertgefühl hatte. Sie fühlte sich überfordert, wenn sie ihre Meinung ihren Mitschülern gegenüber äußern sollte. Ihr gelang es nicht, eigene Wünsche durchzusetzen. Sie gab bei jeder Gelegenheit nach, sie litt darunter, wusste sich aber nicht anders zu helfen, als sich zurückzuziehen. Wurde Doros Mutter aufmerksam auf dieses Verhalten, machte sie ihrerseits Doro wiederum darauf aufmerksam, indem sie ihr vorhielt, wie schnell sie nachgab.
Doro bekam von ihrer Mutter Aufforderungen, wie sie sich am besten verhalten solle, dabei achtete ihre Mutter nicht im geringsten darauf, dass Doro viel zu unsicher war, „um der Freundin mal ordentlich Bescheid zu geben."

In der Arbeit mit Doro kam heraus, dass ihre Mutter eine sehr fürsorgliche, bestimmende Mutter war.

Doro erzählte in einer Stunde, wie sie sagte, eine typische Situation mit ihrer Mutter.

„Als ich nach Hause kam, hat Mama sich mit ihrer Freundin Gerda verabredet, ihre fünfjährige Tochter Julia wollte mitkommen. Beim Mittagessen rückte Mama mit der Sprache raus."

„Gleich kommen Gerda und Julia."

„ Ich möchte nicht mit Julia spielen, sie ist so blöde, sie weint so schnell, sie ist eine Zicke."

„ Wodurch bringst du sie denn zum Weinen?", fragte Lisas Mutter.

„ Das ist typisch für dich, Mama, du glaubst, dass ich an allem Schuld bin. Ich mache gar nichts, sie heult wegen jeder Kleinigkeit."

„Dann gibst du dir heute Mühe, und bist ganz lieb zu ihr, damit sie nicht weint, sie ist doch noch so klein."

Doro war sauer, sie hatte keinen Hunger mehr.

Doros Mutter wollte gar nicht wirklich wissen, warum Doro nicht mit Julia spielen wollte, sie wünschte sich, dass sie sich um Julia kümmerte.

Es wäre fairer gewesen, dies deutlich auszusprechen und mit Doro im Gegenzug einen Kompromiss zu vereinbaren:

„Doro, ich verstehe, dass du nicht so viel Lust hast, mit Julia zu spielen. Aber die beiden werden heute nachmittag nun mal kommen. Lass uns überlegen, was wir machen können, dass du nicht die ganze Zeit mit Julia verbringst."

Bekommen Kinder häufig gezeigt, dass das, was sie sagen, nicht wirklich ernst genommen wird, dass ihre Einstellung überredet wird, fehlen ihnen die Grundlagen zur Ich-Stärke.

Jeder Mensch braucht das Gefühl, dass er beachtet, dass seine Meinung geachtet wird. Dies gehört zu den Grundbedürfnissen und gibt Nähe, genauso wie berührt und gestreichelt zu werden. Ich werde angenommen mit meiner Meinung. Mir wird zugehört, manchmal hat Mama eine andere Vorstellung, aber wir finden Kompromisse.

Zeigen Sie, dass Sie sich für die Neigungen Ihres Kindes interessieren

Dazu gehört, dass Eltern, deren Kinder Sportaktivitäten zum Hobby haben, sich die Sportregeln erklären lassen und sich auch gemeinsam eine Sportveranstaltung im Fernsehen anschauen. Ein musizierendes Kind bekommt dadurch Anerkennung, dass ihm zugehört wird.

Haben Sie selbst ein Hobby, bringen Sie es Ihrem Kind so nahe wie möglich. „Ich würde mich freuen, wenn du mich bei meinem Squashturnier anspornst, dein Freund kann mitkommen."

Beziehen Sie Ihr Kind mit in Ihren Tag ein, soweit dies möglich ist. Dazu gehören auch Erzählungen, wenn es im Kollegenkreis Ärger gibt.

Zeigen Sie Ihre Ängste und Schwächen, Kinder brauchen nicht die Vorstellung, Mama und Papa geht es immer gut, sie sind immer stark. Zeigen Sie Ihrem Kind, wie Sie mit Schwierigkeiten umgehen.

Je mehr Ihr Kind über Sie erfährt, desto mehr Vertrauen schenken Sie Ihrer gemeinsamen Beziehung.

Kinder brauchen Aufgaben

Kinder brauchen feste Aufgaben und sie brauchen die Möglichkeit, die Aufgabe zu erlernen. Die Verrichtung einer festgelegten Aufgabe sollte nicht nur bei Lust und Laune erfolgen.

Eltern, die ihren Kindern alle möglichen Aufgaben aus dem Weg räumen, weil sie der Ansicht sind, dass die Erledigung einer Aufgabe schneller vonstatten geht, wenn sie es selber machen, nehmen ihren Kindern die Möglichkeit, sich zugehörig zu fühlen. Wenn Eltern und Lehrer Aufgaben übertragen, sollten sie diese geduldig, ohne das Kind zu entmutigen, erklären. Ärgerliche Momente, sind dafür denkbar ungünstig. Eine Mutter, die gestreßt nach Hause kommt und das Geschirr falsch eingeräumt in der Spülmaschine findet, sollte einen anderen Zeitpunkt wählen, ihrer Tochter das Einräumen des Geschirrs zu erklären. „Du weißt immer noch nicht, wie die Spülmaschine eingeräumt wird. Daran erkennt man mal wieder, wie desinteressiert du bist. Du solltest endlich anfangen, dich für den Haushalt zu interessieren." Oder der Vater, der sich darüber ärgert, dass er am Abend noch das Fahrrad reparieren muß: „Mit elf Jahren bist du noch nicht einmal in der Lage, dein Fahrrad zu reparieren, du kommst jetzt mit und gibst dir mal ein bisschen Mühe." Erwachsene, in dieser Laune, sollten für den Moment darauf verzichten, dem Kind etwas zu erklären. Sie werden ein Kind durch diese Stimmung unter Druck setzen und entmutigen. Unter Druck fallen Teller auf den Boden, wird die Zange falsch gehalten. Ein Kind fühlt sich bestraft, wenn es Anweisungen im direktiven Stil erhält. „Siehst du nicht, dass du den größeren Schraubenzieher nehmen musst."

Körperliche Zuwendung

Geben Sie Ihrem Kind möglichst oft körperliche Zuwendung.
Körperlicher Kontakt ist eine Zuwendung, die wichtig für den Persönlichkeitsaufbau ist. "Ich bin es wert, gestreichelt, geküsst zu werden." Je jünger ein Kind ist, desto eher spürt es Wärme über den Körperkontakt, als über Worte. Schulterklopfen, eine Umarmung, Handstreicheln, kleine Gesten reichen oft schon aus, um das Gefühl der Nähe zu erfahren. Achten Sie darauf, wann Ihr Kind einen solchen Kontakt will und braucht. Reagieren Sie sensibel darauf, wenn Ihr Kind sich zurückzieht, aber lassen Sie sich nicht von einer angeblichen Ablehnung täuschen, das kann mit dem eigenen negativen Selbstbild Ihres Kindes zu tun haben: „Mich berührt man nicht gerne."

Klären Sie „festgefahrene Rollen," die jeder in der Familie einnimmt

Manchmal verkörpern bestimmte Familienmitglieder festgefahrene Rollen: Das schüchterne Kind, die schimpfende Mutter, der nicht zuhörende Vater. Überlegen Sie gemeinsam, wie Sie die Voraussetzung für neue, angemessene Rollen schaffen. Festgefahrene Rollen verhindern Flexibilität, machen starr. Lenas Mutter hat in der Familie die Rolle der Kontrollierenden und Schimpfenden übernommen. Lenas Vater empfindet Mitleid mit seiner Tochter und übernimmt die schlichtende, verständnisvolle Rolle. Würde Lenas Mutter ihre Rolle aufgeben, müsste ihr Mann einen Teil der Kontrolle übernehmen. Für sie ist der Gedanke daran unsinnig. „Mein Mann würde nie etwas gegen Lena sagen oder etwas von ihr fordern." Sie verkennt, dass diese Blockade dadurch besteht, dass beide in ihren festgefahrenen Rollen verweilen. Werden diese aufgelockert oder aufgegeben, hat jeder Beteiligte Freiraum für neue Gedanken. Festgefahrene Rollen schleichen sich schnell ein. Es ist interessant, in der Familie nachzufragen, in welcher Rolle Kinder ihre Eltern sehen und in welcher Rolle Eltern ihre Kinder sehen. Im Anschluss daran kann besprochen werden, was sich in der Familie ändern muß, um Rollen aufzulösen.

Fördern Sie das Individualitätsbewußtsein Ihres Kindes

Ermutigen Sie Ihr Kind, seine Meinung auszudrücken. Respektieren Sie diese, auch wenn Sie nicht Ihrer Ansicht entspricht. Dabei lernt ein Kind, dass es das Recht hat, seine Meinung zu sagen. Selbst wenn sie nicht angenommen wird, wird sie nicht als albern oder unsinnig „abgetan". Tolerieren Sie die Meinung Ihres Kindes auch dann, wenn Sie enttäuscht sind. Eltern wünschen sich häufig, dass ihr Kind eine Aktivität fortführt, obwohl es schon lange die Lust daran verloren hat. Blocken Sie den Wunsch des Kindes, will es die Aktivität beenden, nicht einfach ab, denken Sie über seine Argumente nach.

Susanne erzählt ihrer Mutter: „Ich fühle mich nicht mehr wohl im Ballettunterricht. Ich mag meine Gruppe nicht und wenn wir Aufführungen vorführen müssen, möchte ich am liebsten aus der Ballettschule austreten. Allen anderen machen Aufführungen Spaß, nur mir nicht."
„Du bist doch so talentiert, du brauchst doch keine Hemmungen zu haben oder woran liegt es, dass du keinen Spaß hast?" „Ich mag die häufigen Aufführungen nicht, ich denke schon in der Schule daran."
„Du kannst doch nicht, nur weil du keine Lust hast, die Aufführung oder den Ballettunterricht fallen lassen, du musst dich einfach ein bisschen zusammenreißen, das Leben besteht nicht nur aus Spaß."

Susanne hat das Gefühl, dass es ihrer Mutter nicht wirklich um ihr Verständnis geht. Sie glaubt, dass es ihrer Mutter eher darum geht, dass Susanne weiterhin am Ballettunterricht teilnimmt.
Susanne wird von ihrer Mutter für ihr Talent gelobt, aber das Gesagte wird von ihr nicht angenommen, das Gespräch wird von ihrer Mutter gesperrt.
Susannes Mutter könnte das Gespräch jetzt noch umlenken und zeigen, dass sie wirklich zuhören möchte.
„Du magst die Aufführungen nicht mehr."

„Es sind nicht nur die Aufführungen, auch der Ballettunterricht macht mir keinen Spaß mehr. Die regelmäßige Teilnahme, Auftritte am Wochenende und dann noch das Üben für die Schule ist mir zuviel."

„ Du glaubst keine Freizeit mehr zu haben."

„Ja, ich kann mich kaum noch mit meinen Freundinnen verabreden. Ich habe Angst, dass ich bald keine mehr habe. Ich werde nur noch selten eingeladen."

„Du fühlst dich ausgeschlossen aus deinem Freundeskreis."

„Ja und ich bin dadurch unglücklich, auch in der Schule."

Mit der Chance des einfühlsamen Zuhörens wird die Wahrscheinlichkeit erhöht, dass ein Kind ein Problem äußern kann, und dadurch Verständnis erfährt. Damit es ein positives Selbstwertgefühl bekommt, kann es unterstützt werden, indem ihm die Möglichkeit geboten wird, häufig ein positives Selbstbild zu erfahren, was die Voraussetzung für ein gutes Selbstwertgefühl darstellt.

Heben Sie besondere Eigenschaften hervor

Sagen Sie Ihrem Kind, dass Sie das Individuelle an seiner Person bemerken. „Du bist morgens schon gut gelaunt, es ist schön mit dir zu frühstücken."

„Du malst so schöne Bilder, du gibst dir sehr viel Mühe damit".

Für Ihr Kind ist es ebenso wichtig, dass Sie seine Fortschritte bemerken: „Früher musste ich dich erinnern, erst dann hast du angefangen, für deinen Musikunterricht zu üben, heute machst du das von alleine."

Geben Sie Ihrem Kind Zeit, seine besonderen Fähigkeiten ausüben zu können, wie malen, oder eine Legostadt bauen. Manche Eltern melden ihre Kinder in so vielen Kursen an, um zu sehen, wo die Talente des Kindes zu finden sind, dass viele vorhandene Talente unerkannt bleiben, weil die Zeit für die Entfaltung nicht da ist.

Loben Sie Kinder mit einem niedrigen Selbstwertgefühl häufig

Achten Sie aber darauf, dass Kindern, mit einem niedrigen Selbstwertgefühl, ein überschwengliches Lob vor anderen Kindern peinlich sein kann. Das Kind kann das Lob nicht annehmen, es verfehlt die Wirkung.

Nutzen Sie eine Zeit, in der Sie mit Ihrem Kind alleine sind, um überschwenglich zu loben. Vor Dritten flüstern Sie einem Kind, das Lob vor anderen ablehnt, Lob ins Ohr. Zeigen Sie ihm, auf eine für Ihr Kind angemessene Weise, dass Sie stolz sind.

Fällt es einem Kind schwer, ein Lob anzunehmen, weil sein Selbstwertgefühl das nicht zulässt, können Sie seine Arbeit auch so loben, dass Sie auf die Details seiner Tätigkeit eingehen.

„Besonders gut gefällt mir an deinem Bild, wie gut die Farben zusammenpassen, wie weit die Äste des Baumes rausragen."

Lassen Sie Ihr Kind für ein Missgeschick Verantwortung tragen

Schüchterne Kinder bewegen sich sehr angespannt, ihnen geschieht häufig ein Mißgeschick.

Werden sie dafür getadelt oder bestraft, ist es die Katze, die sich in den Schwanz beißt. Das nächste umgeschüttete Glas wird nicht lange auf sich warten lassen.

Geben Sie Ihrem Kind die Möglichkeit, Verantwortung zu tragen und diese umzusetzen.

Auch für das kleine Kind ist es angenehmer, den Tisch sauber zu machen, als ausgeschimpft zu werden, wenn es sein Milchglas verschüttet hat. Manchmal geraten Erwachsene in größten Zorn, wenn ihr Kind etwas umschüttet. „Paß doch besser auf, ich fühl mich wie deine Putzfrau, alles kann ich wegmachen." In solchen Momenten ist der Zorn so groß, dass nur der Moment erlebt wird und die längerfristigen Folgen unbeachtet bleiben.

Es wird keinem Kind leicht fallen, einen Fehler zuzugeben, wenn es so erzogen wird, dass es Schimpftiraden über sich ergehen lassen muss. Als kleines Kind weigert es sich zuzugeben, dass es den Fleck in der Küche gemacht hat, als Jugendlicher wird es ihm schwerfallen, einzugestehen, dass es seine erste Zigarette geraucht hat, dass es sich mit Jugendlichen trifft, die stehlen. Sie verschließen sich auf lange Sicht den Zugang zu Ihrem Kind. Lassen Sie Ihr Kind Verantwortung tragen. Hat es sein Glas Milch verschüttet, lassen Sie es mithelfen, die Milch aufzuwischen. Verzichten Sie dafür aufs Schimpfen. Jeder hat das Recht, für seinen Fehler aufzukommen.

Verzichten Sie darauf Ihr Kind in Spielen absichtlich gewinnen zu lassen

Wer sein Kind im Spiel gewinnen lässt, schützt es vor der Wirklichkeit. Enttäuschungen gehören zum Leben, es muß diese Erfahrung machen; Eltern sollten sich in den normalen Ablauf eines Geschehens nicht beschützend einmischen. Zeigen Sie Ihrem Kind, dass verlieren nicht schlimm ist, indem Sie ihm zeigen, wie viel Spass Ihnen das Spiel, auch ohne Sieg, gemacht hat. Unterhalten Sie sich darüber, was Spass beim Spielen gemacht hat, fragen Sie Ihr Kind, wie für ihn ein guter und ein schlechter Verlierer aussieht. „Was glaubst du können wir machen, dass dir das Spiel genauso viel Spass macht, wie mir, auch dann, wenn du verlierst."
Erwarten Sie nicht, dass Ihr Kind von heute auf morgen ein guter Verlierer wird. Es braucht sicherlich Unterstützung dahingehend, dass ihm klar gemacht werden muß, dass Spielen des Spielens wegen Spaß macht. Schauen Sie sich Sportveranstaltungen mit ihm an. Nach einem Tennismatch geben sich Verlierer und Sieger die Hand. Nach einem Fußballspiel wechseln die Mannschaften ihre Hemden.
Wenn Ihr Kind in einem Verein ist, achten Sie darauf, wie der Trainer mit Verlieren umgeht. Es gibt Trainer, die auf Kosten der Kinder unangemessen hart drillen. Stellen Sie das fest, fragen Sie Ihr Kind, ob es wirklich noch Lust hat, dort mitzumachen. Lassen Sie es nach Möglichkeit dort früh genug aussteigen.
Achten Sie im Familienverbund darauf, wie oft von Ihrem Kind verlangt wird, der Erste oder der Beste zu sein. Wird es wegen seiner Person geachtet oder erfährt es größtenteils über seine Leistung, dass Sie stolz sind. Wird Ihr Kind häufig mit den Geschwistern verglichen? Herrscht Rivalität innerhalb der Familie, sollte diese geändert werden in eine Atmosphäre der Zusammengehörigkeit, durch die ein Kind ermutigt wird, Verlierer zu sein.

Ein Verhaltensplan bei Kindern mit niedrigem Selbstwertgefühl könnte so aussehen:

1. Ich achte darauf, dass ich ängstliches Verhalten nicht dadurch verstärke, dass ich beispielsweise bei Streitigkeiten, die mein Kind hat, eingreife.

2. Auf weinerliches Verhalten gehe ich nicht ein.
   Mein Kind weint, wenn es sich nicht durchsetzen kann. Ich kann es wortlos trösten, aber es ist wichtig, nichts für mein Kind durchzusetzen.

3. Ich gebe meinem Kind eine feste Aufgabe. Es könnte eine Woche lang täglich den Müll fortbringen oder den Tisch decken. Es kann mitentscheiden, welche Aufgabe es übernehmen möchte. Ich trage ein, um feststellen zu können, ob es mir schwerfällt, Vereinbarungen durchzuhalten, wenn Unlust bei meinem Kind aufkommt.
   Ich nehme mir vor, auch bei ablehnendem Verhalten gegenüber der Aufgabe meine Einstellung durchzuhalten.

4. Ich achte darauf, dass ich mein Kind häufig körperlich berühre. Ich nehme mir vor zu loben und achte darauf, dass ich es fest dabei anschaue.

5. Ich mache mir Notizen, wie häufig ich, statt zu schimpfen und Druck auszuüben, das Verhalten meines Kindes annehme.

6. Ich achte darauf, dass ich mein Kind nicht absichtlich gewinnen lasse.

7. Ich halte schriftlich fest, wie oft ich mein Verhalten durchführe.

Sehr wahrscheinlich wird Annas zurückhaltendes Verhalten sich verändern, wenn ihre Eltern aufhören, sich einzumischen. Wenn sie aufhören, in ihr das schüchterne, hilfesuchende Mädchen zu sehen.

Annas Mutter nimmt sich vor, das weinerliche Verhalten ihrer Tochter zu übersehen.
Eine auch noch so kleine Veränderung, z.B. auf Weinen zu verzichten und sich stattdessen durchzusetzen, wird stark gelobt. Eine Veränderung ist auch dann zu beachten, wenn Anna sich noch nicht wehrt, aber auch nicht weint.

Zusammenfassung

Eine schwierige Zeit

Immer dann, wenn der Zugang zum Kind gestört ist, das heißt, wenn es uns oder seiner Umgebung feindselig gegenübertritt, ablehnend auf Zuwendung reagiert, wenn es sich zurückzieht oder uns auffälliges Verhalten zeigt, braucht es ein besonderes Entgegenkommen. Es braucht gerade jetzt unser Vertrauen. Liebe und Zärtlichkeit ausschließlich in „guten Zeiten" reichen nicht aus, um ein tiefes Vertrauensverhältnis aufzubauen.

Ein Kind braucht Vertrauen in unseren guten Willen auch oder gerade dann, wenn es schwierig wird. Es braucht besonders in diesen Lebenssituationen unsere Unterstützung, mehr denn je sollte es unsere freundliche Ansprache und unser Verständnis finden. Wenn es uns bei solchen Gelegenheiten nicht gelingt, eine freundliche Haltung zu bewahren, wird sich ein Kind kaum aus seiner Rolle heraus bewegen. Es wird trotzig bleiben, weil es Ablehnung spürt. Es wird seine Schulaufgaben weiterhin verweigern, auch wenn es dafür bestraft wird.

Verhaltensauffälligkeiten sind Symptome, sind ein Zeichen dafür, dass ein Fehlverhalten vorliegt, es sind Hilferufe. Erfährt ein Kind in dieser Zeit harte Worte, statt klarer Grenzen mit Verständnis, fühlt es sich unverstanden und zurückgestoßen. Grenzenlose Freiheit aus Angst vor weiterer Spannung wird ihm nicht den guten Willen zu einer besseren Beziehung zeigen. Es wird sich dadurch nicht unterstützt fühlen, viel eher erkennen Kinder darin eine Angst der Erwachsenen vor weiterer Spannung. In solchen Zeiten braucht unser Kind wahres Interesse, es braucht unsere Zeit, unser Verständnis mit der ganzen Aufmerksamkeit. Sprechen Sie ihm Mut zu, schenken Sie ihm das Recht an sich zu glauben. Durch eine auffordernd positive Haltung können Sie Ihrem Kind dieses Vertrauen entgegenbringen. „Ich bin überzeugt, dass du das schaffst, versuche es." Anstatt einen negativen Befehl abzugeben. Du machst jetzt deine Hausaufgaben, auch wenn du glaubst, du kannst sie nicht."

Die Aussage: „Das schreibst du neu, das ist die reinste Schmiererei," wird Ihnen eine Kampfhaltung einbringen. „Ich bin überzeugt, dass du das schöner hättest schreiben können," ist ein Weg hin zu seiner Selbstachtung und dem Wunsch nach Anerkennung. Vielleicht wird es die Eigeninitiative ergreifen und von sich aus die Arbeit neu schreiben.

Gerade in angespannten Zeiten sollten wir darauf achten, positiv mit unseren Kindern zu sprechen auch dann, wenn wir Forderungen stellen.

Wenn Versuche scheitern

Wenn Sie jetzt Ihr schreiendes Kind in Gedanken vor sich sehen, steigt in Ihnen vielleicht das Gefühl hoch, dass positive Ansätze und konsequentes Handeln das Verhalten Ihres Kindes nicht verändern können. Vielleicht glauben Sie, dass die ganze Situation eskalieren wird, wenn Sie den Druck wegnehmen. Vielleicht verspüren Sie Angst davor, aufzuhören, die Schule so wichtig zu nehmen, weil Sie glauben, dass die Noten Ihres Kindes mit Sicherheit schlechter werden, wenn Sie die kontrollierende Handlung aufgeben.

Machen sich solche Bedenken breit, gehen Sie sehr wahrscheinlich von Ihrem jetzigen Erziehungsansatz aus. Sicherlich kann es anfangs kurzzeitig genauso eintreten, wie Sie befürchten, weil Ihr Kind glaubt, dass die Kontrolle momentan aufgelockert ist und es die Zeit nutzen möchte, um die Situation auszunutzen, um beispielsweise seine Hausaufgaben „hinzuschmieren".

Verzichtet eine kontrollierende Mutter einmal darauf nachzuschauen und fällt ihr bei der nächsten Durchsicht der Schulaufgaben die unsaubere Arbeit, die an diesem Tag von ihrem Kind geleistet wurde, auf, stellt sie erschrocken fest, wie unsauber die Aufgabe ohne Beobachtung geschrieben wurde und hält ab sofort an ihrer Kontrolle fest.

Erst wenn Sie aufgehört hat, ihrem Kind die Verantwortung abzunehmen, wird es anfangen, auch ohne Kontrolle sorgfältig zu arbeiten.

Eltern, die Bedenken haben, mit ruhigen, konsequenten Worten erziehen zu können, weil dies schon erfolgte, aber keine Wirkung zeigte, sollten überlegen, ob dieser Erziehungsansatz deshalb fehlschlug, weil sie nicht ganz dahinter standen. Vielleicht handelten sie in der Erziehung eher nach einer Momentverfassung.

Sie zeigten, dass sie gute Nerven hatten, wenn sie ruhig sprachen. An solchen Tagen waren sie bereit, sich „überrumpeln zu lassen," ihre Grenze wieder zurückzunehmen. Bei schlechter Laune wusste ihr Kind, dass die Eltern das Gesagte auch tatsächlich durchsetzen würden. Diese Willkürerziehung bietet kein festes Konzept und hat somit auch keine positive Auswirkung auf Verhaltensweisen.

Die lange Durchsetzung bestimmter Verhaltensmuster bringt den Erfolg.

Gehen Sie in einer stillen Minute Ihr Erziehungsmuster durch. Was ist Ihr Erziehungsprinzip und was möchten Sie mit Ihrer Erziehung erreichen? Wer sein Kind zu einer starken Persönlichkeit erziehen möchte, die positiv mit ihrem Leben zurechtkommt, ohne sich von Problemen erdrücken zu lassen, sollte bedenken, wie wichtig es ist, dass sich ein Kind angenommen fühlt, wie persönlichkeitsaufbauend eine verständnisvolle, mit Grenzen gesetzte Erziehung wirkt.

Wie oft kritisieren Sie Ihr Kind, wie oft loben Sie es, wie oft bekommt es von Ihnen das Gefühl, jemand Einzigartiges, Besonderes zu sein, mit allen Schwächen angenommen zu werden.

Sehen Sie oft das Positive in Ihrem Kind, dann ist es auch in der Lage, sich selbst anzunehmen und Selbstvertrauen in die eigene Person zu bekommen.

Selbstvertrauen entsteht bei Kindern sehr stark über das Gefühl der Annahme, dass es bei seinen Eltern und Erziehern findet.

Möchte ich für mein Kind selbstsicheres Verhalten erreichen, sollte ich Vertrauen zu ihm haben, damit zeige ich Mut zur Annahme seiner Verhaltensweisen, die mir selbst vielleicht fremd sind. Gelingt es mir, das Verhalten meines Kindes vernünftig zu betrachten, nicht angstgefärbt, weil es Situationen anders löst als ich, bekommt es die Möglichkeit zur Entfaltung seiner Person.

Geben Sie einem Kind häufig die Möglichkeit, ein gutes Selbstbild zu haben, damit es mit viel Selbstvertrauen durchs Leben gehen kann.

Es wird dadurch stark genug sein, im Leben zurecht zu kommen und wenn nicht, wird es die Kraft haben, sich Hilfe zu holen.

Ein gutes Selbstbild wird dadurch geschaffen, dass Menschen häufig das Gefühl bekommen, Situationen gut gemeistert zu haben, und schlagen sie fehl, aufbauenden Trost zu bekommen.

Vielleicht ist Ihnen so ein Vorfall noch bewusst. Es gibt Tage, da ist Ihnen ein kritisches Gespräch ausgesprochen gut gelungen. Sie sind stolz auf sich. An so einem Tag wird Ihnen fast alles gelingen, was Sie anfassen. An diesem Tag strotzen Sie vor Selbstvertrauen.

Denken Sie an eine Situation, bei der Sie nicht überzeugt von sich waren. Wie gut tat es Ihrem eigenen Selbstbild, als Ihnen Ihr Partner Ihre Vorzüge aufzeigte und das Negative relativierte, aus Ihnen also Kräfte herausholte, ohne klagend zu bemerken: „Hättest du dich besser vorbereitet, wäre das Ganze anders verlaufen."

Beklagt sich ein Kind bei seinen Eltern, dass es aus der Gruppe ausgestoßen wird, hilft es wenig, wenn ihm gesagt wird, dass es sich sicher unmöglich benimmt und sich zusammenreißen soll. Wenn es tatsächlich so wäre, sollte sich viel eher die Frage gestellt werden, warum es im sozialen Gefüge Schwierigkeiten hat.

Natürlich braucht ein Kind die Unterstützung seiner Eltern und Erzieher, wenn es sich aus Angst vor Konflikten zurückzieht, aber wir Erwachsenen sollten aus Angst davor, dass so eine Situation eintreten könnte, ein Kind nicht genau in diese Rolle bringen. Wenn die eigenen Ängste der Eltern übermächtig werden, handeln Eltern nicht erzieherisch unterstützend. Sie handeln aus „dem Bauch heraus." Gerade in Krisensituationen ist ein durchdachtes Erziehungskonzept mit überlegten Verhaltensmustern von Nöten.

Immer wieder kommen Kinder in meine Selbstsicherheitskurse, deren Eltern meist kritisierend oder fordernd erziehen. Kinder, die so erzogen werden, leiden häufig unter dem Gefühl, der Umwelt nicht gerecht zu werden, nicht richtig genug zu handeln. „Ich bin nicht so, wie Mama oder Papa mich gerne hätten." Reagiert ein Kind auf Kritik der Eltern mit Widerstand und Durchsetzungskraft, darf daraus nicht der Trugschluss geschlossen werden, dass es mit Kritik gut umgehen kann, dass Druck ihm nur gut tut, da es sich ja wehren kann. Oft kommt erst im Erwachsenenalter heraus, dass manches Problem aus dem fehlinterpretierten Eindruck der Eltern entspringt.

Eine weitere Scheiterungsmöglichkeit
Willkürliche Strafen statt logischer Schlussfolgerungen
Vielleicht stand statt Konsequenz häufige Kritik im Vordergrund

Unerwünschtes Verhalten durch willkürliche Strafen zu unterbinden ist sinnlos. Willkürliche Strafen, statt logischer Schlußfolgerungen, bringen ein angespanntes Klima.

Ein Kind auszuschimpfen und überzogene Strafen auszusprechen, wenn es über längere Zeit auffälliges oder aufsässiges Verhalten zeigt, wird nicht wirklich weiterhelfen. Der erste Schritt zur Veränderung ist das Erkennen, was hinter dem unerwünschten Verhalten des Kindes steckt. Welche Reaktion erwartet es von uns.

Hat Annes Mutter erkannt, dass die dreijährige Anne immer dann mit Schimpfworten um sich wirft, wenn sie in einer Unterhaltung ist, wird es sinnvoll sein, dieses Verhalten zu ignorieren. Verhalten wird dadurch verändert, dass der Erfolg ausbleibt. Annes Mutter hatte aufgehört, auf ihr

Kind einzugehen, wenn es Schimpfwörter benutzte. Durch die veränderte Reaktion verlor Anne die Lust, sich so aufzuführen.
Verzichten wir oder verändern wir unsere Reaktion, wird das unerwünschte Verhalten sinnlos.

Lisa wurde von ihrer Familie ständig für ihre Unordnung und ihre Unzuverlässigkeit kritisiert. Im Laufe des Tages hörte sie sich mehrmals an, was sie alles unterlassen, was sie falsch gemacht hatte und was sie ändern müßte. Alle Familienmitglieder trugen die Verantwortung für die von ihr nicht erledigten Aufgaben.
Auf Kritik reagierte sie aufsässig. Lisas Eltern nahmen sich vor, die festgefahrene Situation zu verändern. Sie begannen ihr öfter etwas Freundliches zu sagen, sie zu loben, aber auch klare Verhaltensweisen mit Folgen zu nennen. Die Familie vereinbarte, dass sie aufhörten, die Verantwortung für Lisa zu übernehmen.
Die Familie vereinbarte, dass jeden Freitag das Kinderzimmer aufgeräumt werden sollte, damit gesaugt werden konnte. Hielt Lisa sich nicht an die Verabredung, gerieten kleine Spielzeuge und ähnliches in den Staubsauger. Ihre Mutter und auch Lisas Geschwister zeigten keine Verantwortung mehr für Lisas Aufgabe, indem sie liegengebliebene Spielsachen aufhoben.
Beklagte Lisa sich dann bei ihrer Mutter wegen der fehlenden Dinge, wurde ihr deutlich gemacht, dass sie sich so entschieden hatte, dass es ihre Verantwortung war.
Jede Verbesserung in die Zielrichtung wurde anerkannt und gelobt.
Wenn die Anstrengungen eines Kindes, durch unangenehmes Verhalten oder durch Vergessen der Verantwortung fehlschlagen, beginnt eine neue Phase der sozialen Beziehung. Unangepasstes Verhalten ist das Werkzeug des Kampfes um Aufmerksamkeit. Wenn Erwachsene nicht mehr bereit sind, darauf einzugehen, wird sich die Beziehung verändern.

Lebhafte Kinder

Häufig werden lebhafte Kinder, zu denen gehören insbesondere auch Kinder mit einer Aufmerksamkeits-Störung mit Hyperaktivität, von der Umwelt als stabil und selbstbewußt gesehen. Aber gerade diese Kinder erfahren sehr viel Kritik und wenig Verständnis. Leos Lehrer behauptet: „Leo macht es nichts aus, wenn mit ihm geschimpft wird, ein paar Minuten später läuft er wieder singend über den Schulhof." Hyperaktive Kinder lassen sich in der Tat schnell durch neue Reize ablenken; trotz allem muß jedem, der mit hyperaktiven Kindern zu tun hat, klar sein, dass Kritik Einfluss nimmt. Kinder nehmen Kritik stärker an als Erwachsene. Für ein Kind beinhaltet der Satz: „Du bist zu dumm oder zu faul, konzentriert und ordentlich zu arbeiten," „ich bin blöde, vielleicht ein Versager, ich enttäusche." Selten erkennt ein Kind, dass die erziehende Person nicht alles an ihm negativ sieht. Kritik bringt bei Kindern schnell das Gefühl der negativen Gefühlsüberflutung mit sich, nicht das eine, sondern alles an mir ist blöde. Hyperaktive Kinder fühlen sich oft als Person abgelehnt, wenn es nicht gelingt, nur ihr Verhalten statt ihre Person zu tadeln.

Aber nicht nur lebhafte Kinder stehen vor diesem Problem. In vielen Familien sind Beschimpfungen, statt Erklärungen, an der Tagesordnung. Streß und Streitigkeiten erlauben zu häufig schnelle Anordnungen und Zurechtweisungen. Kinder, die zwischen Tür und Angel zurechtgewiesen werden, denen die Chance genommen wird, zu argumentieren, werden in Opposition gehen. Gerade in Familien, in denen wenig Zeit für einander bleibt, ist es unbedingt nötig, auf die Umgangsformen zu achten. Ein festes Ritual zur Zusammenkunft hat schon manche Spannung genommen und Verständnis für einander gebracht. Manches mal vergessen gerade berufstätige oder sehr engagierte Eltern, dass ihr Kind auch eine Leistung vollbringt. Es trägt die Situation mit. Ein Vater, der von montags bis freitags bis spät in den Abend beruflich unterwegs ist, der kaum Zeit für sein Kind aufbringen kann, weil er selbst dann, wenn er zu Hause ist, noch mit der Planung des nächsten Tages beschäftigt ist, könnte Anerkennung seinem Kind dadurch ausdrücken, dass er sagt, dass es ihm bewußt ist, was sein Kind trägt, dass es ihm leid tut, dass er sich Mühe geben möchte, mehr Zeit für sein Kind aufzubringen. Wenn ein Vater seinen Dank ausgedrückt, wird ihm bewusst, was er seinem Kind abverlangt.

Zeigen Sie andere Wege auf

Kinder, die zu häufig kritisiert werden, im Gegenzug bei guter Leistung aber viel weniger gelobt werden, sind frustriert und gehemmt, in dem was sie tun. Wenn wir unser Kind ernst nehmen, werden wir es nicht beherrschen wollen, nicht verwöhnen, ihm die Eigenverantwortung nicht aus der Hand nehmen, es nicht überhören. Wenn wir unser Kind wertschätzen und dabei unsere eigene Wertschätzung nicht aus den Augen verlieren, uns nicht zum Sklaven unserer Kinder machen, verhelfen wir unserer Beziehung zu einem guten Miteinander, in dem es natürlich auch Streitigkeiten gibt.

Schlusswort

Am Ende des Buches können Sie sich überlegen, was Sie davon angeregt hat.

Um aus verzwickten Situationen herauszufinden, ist es nötig, über längere Zeit Verhalten zu verändern. Wir Eltern dürfen niemals aufhören, auch unser Gefühl mitsprechen zu lassen. Aber Gefühle allein werden nicht ausreichen in schwierigen Zeiten.

Wenn wir Erwachsenen bereit sind, auf Kinder zuzugehen, die durch schwieriges Verhalten auffallen, wenn wir bereit sind, ihnen zuzuhören, an das Gute in ihnen zu glauben und die Ausdauer besitzen, ihnen angemessene Grenzen mit Verständnis zu setzen, kommt diese Bemühung bald in Form von positivem Verhalten zurück.